Achos y Bomiau Bach

Ioan Roberts

Golygydd y gyfres:
Lyn Ebenezer

Argraffiad cyntaf: Gorffennaf 2001

ⓗ *awdur/Gwasg Carreg Gwalch*

Rhif Llyfr Safonol Rhyngwladol:
0-86381-674-6

Cyhoeddir o dan gynllun comisiwn Cyngor Llyfrau Cymru.

Argraffwyd a chyhoeddwyd gan Wasg Carreg Gwalch,
12 Iard yr Orsaf, Llanrwst, Dyffryn Conwy, LL26 0EH.
☎ 01492 642031
🖷 01492 641502
✆ llyfrau@carreg-gwalch.co.uk
Lle ar y we: www.carreg-gwalch.co.uk

Big bombs are respectable. Small bombs are dynamite
- Brendan Behan

RHAGAIR

'Robaij,' meddai'r Caws Mawr, 'ma' gin i joban iti. Mi cadwith di am ddau ne dri mis.'

'Yn lle?' meddwn i.

'Yn Llys y Goron Caerdydd,' meddai'r Caws, alias Gwilym Owen, golygydd newyddion Radio Cymru.

'Diolch yn fawr,' meddwn innau, a'i feddwl o hefyd, achos wrth y dydd y byddwn i'n arfer cael fy nghyflogi yn y cyfnod hwnnw. Roedd dau neu dri mis yn dragwyddoldeb. Felly, fwy neu lai, y trefnwyd imi gael fy nghau, bron bob diwrnod gwaith am naw wythnos a hanner, mewn ystafell efo criw oedd yn cynnwys Arweinydd presennol Tŷ'r Arglwyddi, Ceidwad y Cledd, rhyddhäwr y Birmingham Six, newyddiadurwyr a phlismyn y greadigaeth, wyth diffynnydd namyn un ac, yn arglwydd arnon ni i gyd, dyn y byddai ei enw cyn bo hir yn canu yn fy nghlustiau yn fy nghwsg ac yn gwneud imi grynu bob tro roeddwn i'n ei ddweud o'n fyw ar y radio: Mr Ustus Farquharson.

Mae 'na rywbeth yn ddi-chwaeth braidd mewn mwynhau'ch hun mewn llys barn, gan fod pob achos yn hunllef i rywun. Roedd yr achos cynllwynio hwn yn ymwneud â bomiau a allai fod wedi lladd, un ddyfais hurt wedi ei gosod ddwy droedfedd oddi wrth ben bachgen 16 oed oedd yn ei wely'n cysgu. Daeth yn amlwg hefyd, ymhell cyn y diwedd, bod y rhan fwyaf o'r diffynyddion yno oherwydd pethau roedden nhw'n eu credu a'u dweud yn hytrach na'u gwneud. Roedd pobl ddi-euog wedi treulio misoedd yng ngharchar cyn cyrraedd y llys, teuluoedd wedi dioddef a gyrfaoedd wedi chwalu. Pa hawl felly oedd gan rywun fel fi i edrych ymlaen at ddiwrnod gwaith fel pe bai'n drip i'r theatr?

Mi ddechreuais deimlo'n llai euog am y peth ar ôl dod i ddeall nad fi oedd yr unig un i fwynhau'r cyfnod hwnnw yn Hydref 1983. 'Dyna yn sicr naw wythnos a hanner gorau fy mywyd,' meddai un o'r diffynyddion di-euog 18 mlynedd yn ddiweddarach. Roedd Dave Burns wedi treulio naw mis yn y carchar heb fechnïaeth cyn yr achos. Pam felly bod y doc yn lle mor nefolaidd? 'Am bod yr heddlu mor wael reit o'r dechre! Rwy'n credu bod y rhan fwya ohonon ni oedd yn y doc wedi mwynhau'r achos yn fawr iawn.'

Un peth o blaid y lle oedd y cyfle plentynnaidd i chwerthin pan na ddylech chi ddim; y digrifwch anfwriadol yng nghanol y rhwysg. Un bore fe dynnwyd y gweithgareddau i ben yn sydyn. Roedd hynny oherwydd bod grŵp o anarchwyr brwdfrydig o Abertawe, dan arweiniad dyn o'r enw Ian Bone (a fu ar un adeg yn ei alw'i hun yn Ieuan ap Asgwrn), wedi mynd ati i ddosbarthu papur newydd y tu allan i'r llys yn cynnig eu dehongliad gweddol liwgar nhw o'r hyn oedd yn digwydd y tu mewn. Roedd hyn yn amharchu'r rheolau *sub judice* ac fe dynnwyd sylw'r Barnwr at y peth. Gofynnodd Mr Ustus Farquharson i'r bargyfreithwyr godi ar eu traed fel y gallen nhw drafod y mater. *'And what is the name of this publication?'* holodd y Barnwr. Dyma'r prif erlynydd, sydd heddiw'n Arweinydd Tŷ'r Arglwyddi, yn pwyso'n ôl ac yn petruso ychydig cyn ateb yn ddwys a difrifol, 'Fuck Off, *My Lord'*. Chafodd o mo'i geryddu, achos roedd o'n dweud y perffaith wir.

Doedd rhywun ddim yn cael dweud pethau felly ar Radio Cymru ond roedd o'n dal yn lle difyr i weithio ynddo. Mae pob hen hac yn gorfod treulio llawer o'i ddyddiau yn chwysu i wneud y gorau o stori sâl, neu'n crafu am stori lle nad oes un mewn gwirionedd. Doedd dim angen hynny yn yr achos hwn. Roedd hi'n ddrama gyffrous o'i dechrau i'w diwedd, gyda rhyw dro annisgwyl bron bob diwrnod, a diweddglo syfrdanol. A gan i'r rheithwyr fod mor garedig â chyhoeddi eu dyfarniadau cyntaf yn ystod un o'n rhaglenni newyddion mi gafodd Radio Cymru sgŵp. Roedd y Caws Mawr, nad oedd yn rhy hoff o blismyn na chenedlaetholwyr, wrth ei fodd.

Waeth imi gyfadde hefyd bod gen i ryw gymaint o ddiddordeb personol yn yr achos. Roeddwn i'n byw ym Mhontypridd, oedd heb fod ymhell oddi wrth rai o'r bobl a'r pethau oedd yn cael eu trafod yn y llys. Ymhlith ein cymdogion agosaf roedd gweriniaethwr, bargyfreithiwr a phlismon. Doedd dim rhaid crafu am destun sgwrs yng nghlwb y District gyda'r nos. Roeddwn i'n ymddangos, am ryw eiliad a hanner, mewn fideo oedd yn cael ei ddangos yn y llys bob hyn a hyn fel rhan o'r dystiolaeth, ac yn adnabod un o'r diffynyddion yn ddigon da i'w chael hi'n anodd credu y byddai'n trampio'r wlad efo bom dan ei gesail. Pethau felly sy'n esbonio i raddau pam bod yr achos hwn wedi aros yn fwy byw yn fy nghof na'r un arall y bûm i'n ohebydd ynddo.

Ond roedd o hefyd, ar sawl cyfrif mwy gwrthrychol, yn achos hanesyddol. Hwn oedd yr achos llys drutaf a hiraf oedd wedi ei gynnal yng Nghymru erioed. Fe'i cynhaliwyd pan oedd y gyfraith ar fin newid mewn ffordd a fyddai wedi gwneud rhai o'r pethau a ddigwyddodd yn amhosibl wedi hynny. Roedd y cyhuddiadau'n rhai difrifol, yr hinsawdd wleidyddol yn afreal, a llawer iawn yn y fantol i'r rhai oedd yn y doc.

Roedd Phil Thomas o Ysgol y Gyfraith yn y Brifysgol yng Nghaerdydd yn ymgyrchu dros hawliau sifil y diffynyddion, ac yn byw yn yr un stryd â theulu'r diffynnydd ieuengaf.

'Roedd y rhain yn bobol ifanc fyddai wedi mynd i garchar am gyfnodau hir iawn pe bai'r llys wedi eu cael nhw'n euog,' meddai. 'Fe allai eu bywydau nhw fod wedi cael eu distrywio am byth. A doedden nhw ddim y math o bobol fyddai'n arfer cael eu cyhuddo o bethau difrifol fel cynllwynio a bomio. Roedden nhw i gyd heblaw un wedi bod yn cadw fwy neu lai o fewn y gyfraith. Ond fe newidiodd y profiad eu bywydau nhw. Doedd hyd yn oed y rhai gafwyd yn ddi-euog ddim yr un bobol ar ddiwedd yr achos ag oedden nhw ar y dechrau.'

Ond yr hyn a newidiwyd fwyaf gan yr achos oedd barn llawer o bobl am yr heddlu. Yr unig dystiolaeth o bwys yn erbyn y rhan fwyaf o'r diffynyddion oedd pethau yr oedden nhw i fod wedi eu cyfaddef mewn cyfweliadau gyda phlismyn. Bron yn ddieithriad roedd yna ddau fersiwn hollol wahanol o'r hyn oedd wedi ei ddweud ac o dan ba amgylchiadau. Yn y rhan fwyaf cofiadwy o'i araith, wrth gloi'r dystiolaeth, fe ddywedodd y Barnwr wrth y rheithwyr: 'Os ydych chi'n credu'r achos gafodd ei roi gerbron gan yr amddiffyniad yna mae'n rhaid ichi ddod i'r casgliad fod swyddogion o wahanol lefel ac o bedwar o Heddluoedd gwahanol wedi cynllwynio gyda'i gilydd i gynhyrchu tystiolaeth ffug.' Dyna'n union beth oedd casgliad y rheithwyr.

Mae hanes yr achos wedi ei gofnodi'n drylwyr yn llyfr John Osmond, *Police Conspiracy* (Y Lolfa, 1984). Rwy'n ddiolchgar i'r awdur am ganiatâd i ddyfynnu ohono ac am ysgogi ambell atgof. Cafodd rhai agweddau o'r achos eu gwyntyllu hefyd yn y gyfrol *Heddgadw Gwleidyddol yng Nghymru* a gyhoeddwyd gan Ymgyrch Cymru dros Hawliau Gwleidyddol a Sifil yn dilyn ymchwiliad cyhoeddus answyddogol. Diolch i'r Athro Phil Thomas, un o sylfaenwyr yr ymgyrch honno, am ei gynghorion ynglŷn ag arwyddocâd cyfreithiol yr achos. Diolch i Gwilym Owen am fy nanfon yno. A diolch i rai o'r diffynyddion am ail-fyw profiadau oedd weithiau'n frawychus ac weithiau'n ddoniol, rhai nad ydyn nhw byth yn debyg o'u hanghofio.

Ioan Roberts,
Mehefin 2001

Pennod 1

Y DDYNES O HAEARN

Wrth symud i'w chartref newydd yn Downing Street ym Mai 1979 rhoddodd Margaret Thatcher ddau addewid. Mae'n anodd meddwl am neb, os nad Denis o bosib, fyddai'n hawlio iddi gadw'r un cyntaf: *'Where there is discord may we bring harmony, where there is despair may we bring hope.'* Ond mi fyddai pawb yn cydnabod iddi gyflawni'r ail uchelgais ar ei ganfed: *'. . . the complete transformation of the British economic and industrial climate'.*

Yng Nghymru roedd y trawsnewid chwyldroadol hwnnw fel ail ergyd o wn dwy faril cyn bod y mwg wedi clirio ar ôl y gyntaf, y refferendwm ar ddatganoli ddeufis ynghynt. Y ddwy glec honno, *double whammy* cenedlaethol, ydi'r cefndir i'r stori yn y llyfr hwn. Hen ddiwydiannau trymion, llawn o undebwyr penboeth, oedd y cyntaf i deimlo effaith y chwyldro. Nhw oedd y 'gelyn oddi mewn'. Mae'n anodd cyfleu heddiw yr ofn a'r dicter a ddechreuodd gorddi mewn cymunedau nad oedd llawer o bwrpas i'w bodolaeth oni bai am ddiwydiannau felly. Un oedd yn teimlo i'r byw oedd Winnie, hen wraig surbwch oedd yn gweithio yn un o dafarnau Pontypridd. Fyddai hi ddim yn siarad mwy nag oedd raid, heb sôn am fynegi barn wleidyddol. Ond pan alwodd ffrind i mi yn y dafarn un noson, roedd hi'n cerdded yn ôl a blaen tu ôl i'r bar yn melltithio'n dawel dan ei gwynt. Sylweddolodd fy ffrind mai'r hyn oedd wedi'i chythruddo oedd bom yr IRA, oedd newydd greu llanast yng ngwesty'r Grand yn Brighton yn ystod cynhadledd y Toriaid ond wedi arbed y Prif Weinidog. Cytunodd yntau bod hon yn weithred ofnadwy. *'The bastards!'* meddai Winnie. *'They missed!'*

Cyn bod y Llywodraeth newydd yn flwydd oed roedd diweithdra gwledydd Prydain wedi cyrraedd ei lefel uchaf ers y rhyfel ac yn codi 40,000 bob mis. Roeddwn i'n gweithio yn ystafell newyddion HTV ar y pryd. Bob pnawn Gwener byddai ITN ar y ffôn o Lundain yn gofyn am restr o'r diswyddiadau yng Nghymru'r wythnos honno, unrhyw beth dros gant. Fyddai'r alwad byth yn ofer. Doedd rhoi pum cant ar y clwt mewn pwll glo neu ddwy fil mewn gwaith dur ddim yn anghyffredin. Byddai'r rhestr ddiswyddiadau'n cael ei chyhoeddi fel tabl wythnosol o wahanol 'ranbarthau' Prydain ar *News at Ten*. Roedd hi'n gystadleuaeth glòs ond synnwn i ddim nad Cymru enillodd y bencampwriaeth.

Doedd dim angen ystadegau i weld beth oedd yn digwydd i le fel Pontypridd. Pan aethon ni i fyw yno yn 1977 roedd yr ardal yn dal yn fwrlwm o byllau glo. Hwter Tŷ Mawr/Lewis Merthyr oedd ein cloc larwm. Erbyn inni adael dair blynedd ar ddeg ac un streic hir yn ddiweddarach doedd dim un pwll ar ôl, hyd yn oed yn y Rhondda.

Doedd grymoedd y farchnad ddim gronyn yn fwy caredig wrth yr ardaloedd gwledig, Cymraeg. Un o'r effeithiau oedd ehangu'r bwlch o ran cyfoeth rhwng rhannau llewyrchus Lloegr a chefn gwlad Cymru, gan roi hwb sylweddol i'r mewnlifiad a nifer y tai haf. Roedd mwy a mwy o athronwyr tŷ tafarn yn teimlo bod yn rhaid i rywbeth gael ei wneud. Ond beth?

Yn gyfansoddiadol doedd gan Gymru fel cenedl ddim pŵer i wneud unrhyw beth. Ac nid bai Margaret Thatcher oedd hynny. Ar ddydd Gŵyl Dewi 1979 roedd pobl Cymru wedi gwrthod trwy fwyafrif o bedwar i un, y Cynulliad Cenedlaethol oedd yn cael ei gynnig gan y Llywodraeth Lafur. Bu'r post-mortem ymhlith cefnogwyr datganoli yn un chwerw. Roedd rhai'n amau bod Llafur yn ddigon balch, yn dawel bach, i'w cynllun nhw'u hunain gael ei wrthod. Daeth Plaid Cymru dan y lach gan ei haelodau ei hun am gefnogi'r cynllun yn rhy frwd. Ymateb y rhan fwyaf o'r datganolwyr oedd cydnabod, â'u pennau yn eu plu, y gwirionedd a fynegwyd gan Ysgrifennydd Cymru, John Morris: doedd dim modd anwybyddu'r eliffant ar garreg y drws.

Ond ar ôl buddugoliaeth Mrs Thatcher ac wrth i'w

pholisïau ddechrau brathu, roedd canlyniad y refferendwm yn dod yn fwy arwyddocaol. Tybed a fyddai unrhyw ambarél wedi bod yn well amddiffyniad na dim un o gwbl i genedl a ddisgrifiwyd gan yr Athro Gwyn Alf Williams fel *'a naked people under an acid rain'*?

* * *

Ni fu'r gwrthwynebiad i bolisïau'r 'ddynes o haearn' yn hir yn dod. Aeth y gweithwyr dur ar streic trwy Brydain. Dechreuodd Bobby Sands a'i ffrindiau ymprydio i farwolaeth yng Ngogledd Iwerddon. Cafwyd rhai o derfysgoedd mwya'r ganrif ar strydoedd Lloegr. Roedd gan TUC Cymru gynlluniau ar gyfer streic gyffredinol. *'The lady's not for turning'* oedd ymateb y Prif Weinidog. Ond troi fu raid iddi ar fater y sianel deledu Gymraeg ar ôl bygythiad Gwynfor Evans i ymprydio i farwolaeth. Rwy'n cofio trafod hynny ar y pryd efo ffrind o Wyddel oedd yn methu deall pam fod rhywbeth mor arwynebol â theledu yn haeddu'r fath aberth. Mae'n wir, wrth edrych yn ôl, y byddai wedi bod yn goblyn o bris i'w dalu am hawl y genhedlaeth nesaf i wylio *Heno*. Ond dyddiau felly oedden nhw. Pan oedd ofn cyffredinol bod Cymru'n diflannu dan ein trwynau roedd angen mynd i eithafion i fynnu'n bod ni 'Yma o Hyd'. Ac am y tro cyntaf ers dyddiau Tryweryn a'r Arwisgo roedd gan rywrai yng Nghymru ddulliau gwahanol iawn i rai Gwynfor a Gandhi i gael y maen hwnnw i'r wal.

Pennod 2

WELE'N CYCHWYN DAIR AR DDEG

Roedd hi'n chwarter wedi hanner nos ar Rupert Edwards yn mynd i'w wely. Gan ei bod hi'n noson braf ym mis Gorffennaf penderfynodd agor ffenest ei lofft a'i gadael yn agored drwy'r nos. Wnaeth o ddim sylwi ar ddim byd amheus yn digwydd o gwmpas y tŷ.

Tua dau o'r gloch y bore fe ganodd y gloch argyfwng yng nghyfnewidfa deleffon y Fenni. Cafodd y galwr ei roi drwodd i'r heddlu. Ei neges oedd fod dyfais ffrwydrol wedi ei gadael ym Melin Penescob ger Crughywel. Penescob oedd cartre Nicholas Edwards, Arglwydd Crughywel heddiw, Ysgrifennydd Cymru yn y Llywodraeth Doriaidd ar y pryd.

Roedd Mr Edwards a'i wraig yn Llundain y noson honno. Yn cysgu yn y tŷ roedd mam Mrs Edwards, y ddwy ferch a'u ffrind a'r mab 16 oed, Rupert. Pan gyrhaeddodd yr heddlu a'r arbenigwyr bomiau fe ddaethon nhw o hyd i ddyfais cynnau tân y tu mewn i lofft Rupert, ddwy droedfedd oddi wrth ei ben. Ystyr 'dyfais' yn yr achos hwn oedd can plastig yn cynnwys petrol, ynghyd â gwifrau, bwlb fflash, a chymysgedd o galsiwm clorad a siwgr. Roedd rhywun wedi ei rhoi i mewn trwy'r ffenest agored a'i gadael ar y silff. Fe lwyddodd yr arbenigwyr bomiau i ddatgysylltu'r cyfan. Ond roedd yr heddlu'n dweud yn ddigon plaen pe bai'r ddyfais wedi tanio y byddai Rupert Edwards wedi ei ladd.

Yr un noson cafodd plismyn yng Nghaerdydd alwad ffôn gan ddyn yn siarad Saesneg gydag 'acen Ogleddol gref'. Neges y Gog oedd fod dyfais wedi ei gadael ar silff ffenest Clwb Ceidwadwyr yn Heol Caerffili, Caerdydd. Bu'n rhaid i'r arbenigwyr bomiau gynnal ffrwydrad bychan i gael gwared â'r bygythiad.

Doedd fawr o amheuaeth pam y dewiswyd y penwythnos arbennig hwnnw yng Ngorffennaf 1981 ar gyfer y bomiau.

Roedd Margaret Thatcher a'r Tywysog Charles yn ymweld â Chymru, ond nid efo'i gilydd. Roedden nhw'n ddeuddydd cythryblus i'r Prif Weinidog. Yng Nghaergybi ar y nos Wener daeth ei char wyneb yn wyneb â phrotest gan ymgyrchwyr yn galw am 'Sianel Gymraeg Yn Awr'. Ond doedd hynny'n ddim mewn cymhariaeth â'r hyn oedd yn ei disgwyl yn Abertawe drannoeth. Hi a Nicholas Edwards oedd y prif siaradwyr yng nghynhadledd Gymreig y Torïaid. Roedd y Tywysog Charles yn Abertawe ar yr un pryd, yn llywyddu mewn seremoni raddio yn y Brifysgol.

Y tu allan i gynhadledd y Torïaid, roedd o leiaf dair protest yn digwydd ar unwaith, yr un fwyaf wedi ei threfnu gan y Blaid Lafur a'r TUC. Rhwng y cyfan roedd yno bum mil o brotestwyr yn cynrychioli cant a mil o achosion ac yn cael eu bugeilio gan fwy na mil o blismyn.

Roedd bloeddio'r dorf i'w glywed yn blaen y tu fewn i'r neuadd. Ac roedd Mrs Thatcher yn ei helfen. Ei chyngor i'r di-waith oedd 'symudwch i ble bynnag mae'r swyddi'. Ac ar ôl gweld rhai o'r protestwyr roedd hi'n hynod falch, yn *'jolly glad'*, nad oedden nhw ddim yn gefnogwyr i'w phlaid hi.

Traddododd Nicholas Edwards ei araith, bom neu beidio. Roedd yn methu deall, meddai, â chryndod yn ei lais, fod yna bobl yn credu y gallen nhw gyrraedd eu hamcanion gwleidyddol a chymdeithasol trwy beryglu bywydau gwragedd a phlant.

I ychwanegu at y braw, roedd llythyr wedi ei anfon at y cyfryngau yng Nghymru bedwar mis ynghynt gan y *'Celtic International Brigade'*. Roedd yn rhybuddio'r *'lackeys of the English state'* y bydden nhw a'u teuluoedd yn dargedau dilys ar gyfer eu cosbi.

Roedd Mrs Thatcher yn y dyddiau hynny yng nghanol dadleuon byd-eang am fomiau mawr. Roedd 96 o daflegrau Cruise ar fin cael eu lleoli yng Nghomin Greenham, gan symbylu'r protestiadau gwrth-niwclear mwyaf ers blynyddoedd. Ond doedd gan y Prif Weinidog ddim i'w ddweud wrth y bomiau bach Cymreig. Nid *'these appalling devices'* oedd y ffordd i gyrraedd amcanion gwleidyddol.

* * *

Erbyn yr achos cynllwynio roedd y ddyfais yn nhŷ Nicholas Edwards yn cael ei hadnabod fel Digwyddiad Rhif 5 ar restr o 13 mewn cyfnod o ddwy flynedd. Byddai'r rhestr wedi bod lawer yn hirach pe bai holl danau tai haf y cyfnod wedi eu cynnwys, ond dadl yr erlyniad oedd bod yr 13 yn rhan o gyfres yr oedd modd ei gweld yn datblygu ac y gellid ei phriodoli i un grŵp o fomwyr.

Roedd y digwyddiad cyntaf ym Mawrth 1980, bedwar mis cyn y bom yng Nghrughywel. Daeth gyrrwr trên o'r enw Evan Davies o hyd i ddyfais amheus ar silff ffenest y tu allan i orsaf Lein Fach Ffestiniog ym Mhorthmadog. Gwelodd yr heddlu a'r arbenigwyr bomiau jar blastig hanner llawn o betrol, ynghyd â chloc larwm, batri, gwifrau, bwlb fflash, matsys ac ychydig o sodiwm clorad. Roedd nodyn wedi ei bostio i swyddfa'r Heddlu ym Mhorthmadog rai dyddiau ynghynt yn bygwth targedu cwmni'r lein fach, gan eu cyhuddo o fod yn griw Seisnig oedd yn gyndyn o roi gwaith i Gymry lleol.

Naw diwrnod wedyn cafwyd dwy ddyfais debyg mewn sefydliadau Torïaidd, un ym mhencadlys Ceidwadwyr Cymru yn yr Eglwys Newydd, Caerdydd, a'r llall yng Nghlwb Ceidwadwyr Dwyrain Fflint yn Shotton. Wnaeth yr un yng Nghaerdydd ddim tanio ac roedd y ffrwydrad yn Shotton yn rhy bitw i adael fawr o'i hôl. Roedd yr heddlu yng Nghaerdydd wedi derbyn galwad ffôn oriau ynghynt yn rhybuddio am y ddwy ddyfais. Y dyddiau hynny roedd bron fwy o fudiadau'n hawlio'r 'clod' nag oedd yna o fomiau: roedd llythyr at y BBC y tro hwn wedi ei arwyddo gan 'Cymru am Byth' a'r *'Celtic International Brigade'*. Enw arall a atgyfodwyd oedd MAC – Mudiad Amddiffyn Cymru – oedd wedi cael ei gysylltu â ffrwydradau mwy sylweddol yng nghyfnod yr Arwisgo yn '69.

Tro Clwb y Ceidwadwyr yn y Tyllgoed, Caerdydd, oedd hi ar yr wythfed o Fai. Roedd y ffrwydrad hwnnw'n ddigon i wneud mymryn o ddifrod i ffrâm ffenest y clwb. Cafwyd seibiant o ddeufis cyn y ffrwydrad hwn a hefyd cyn gosod y ddyfais yn nhŷ Nicholas Edwards.

Bwthyn Pentop, Capel Garmon ger Llanrwst, oedd y seithfed targed, a'r unig dŷ haf ar y rhestr. Daeth yn amlwg yn ystod yr achos cynllwynio mai plismyn oedd wedi mynnu'i gynnwys, yn groes i gyngor arbenigwyr fforensig. Ar 2 Chwefror 1981 y darganfuwyd y ddyfais honno cyn iddi ffrwydro.

Roedd y chwe dyfais oedd ar ôl yn fwy soffistigedig na'r rhai cynt. Yn lle jar o betrol defnyddiwyd dau o danyddion – detonators. Bu dau o'r digwyddiadau hynny o fewn deuddydd i'w gilydd ym mis Hydref 1981. Swyddfa recriwtio'r Fyddin ym Mhontypridd oedd y targed cyntaf. Cafwyd hyd i'r ddyfais cyn iddi ffrwydro, ar ôl rhybudd ar y ffôn yn ystod y nos i'r Samariaid. Roedd rhywun wedi torri ffenest a gadael y ddyfais mewn bag ar fwrdd. Dyma'r tro cyntaf i fudiad oedd yn galw'i hun yn WAWR – 'Workers Army of the Welsh Republic' – hawlio mai nhw oedd yn gyfrifol. Mewn llythyr at y BBC fe rybuddiodd y mudiad y bydden nhw'n ymosod ar 'bob agwedd o reolaeth Lloegr yng Nghymru'. Ymhen tridiau cafwyd dyfais yn swyddfa'r Gorfforaeth Ddur yng Ngabalfa, Caerdydd.

Deirgwaith yn ystod Ionawr 1982 aeth y bomwyr â'u hymgyrch dros y ffin, gan chwythu twll yn nho sièd ym mhencadlys cwmni dŵr Hafren Trent yn Birmingham, gwneud ychydig o ddifrod i swyddfeydd y Bwrdd Glo yn Bouvery Street yn Llundain, a gosod dyfais yn swyddfeydd cwmni IDC yn Stratford. IDC oedd y cwmni datblygu yr oedd gŵr y Prif Weinidog yn ymgynghorydd iddo. Roedd stŵr wedi bod ar ôl i Denis Thatcher anfon llythyr gyda'r cyfarchiad enwog 'Dear Nick' at Ysgrifennydd Cymru yn gofyn am driniaeth ffafriol i gais cynllunio yn Harlech. Wnaeth y bom yn Stratford ddim tanio, ond pe bai wedi gwneud, yn ôl arbenigwr ar ffrwydron, byddai wedi lladd unrhyw un yn y cyffiniau. Dyfais rhif 13, yr olaf yn y gyfres, oedd bom wedi hanner tanio yn adeilad adran amaethyddiaeth y Swyddfa Gymreig yng Nghaerdydd ar 7 Mawrth 1982.

Roedd WAWR, oedd wedi hawlio'r cyfrifoldeb am y chwe dyfais olaf, yn gwneud yn siŵr bod pawb yn gwybod beth oedd eu hamcanion. Roedd llythyrau a datganiadau yn dwyn enw'r mudiad yn ymddangos yn rheolaidd. Dyma gyfieithiad o lythyr a gyhoeddwyd yn y cylchgrawn *Rebecca* yn Ebrill 1982:

Annwyl Rebecca,
700 mlynedd ar ôl inni golli annibyniaeth a sofraniaeth Cymru ac oherwydd ein gwrthwynebiad i lywodraeth Seisnig mae'r WAWR wedi dwysáu ei hymgyrch am Gymru sosialaidd rydd.

Mae'r WAWR yn mynnu'r canlynol:

1. Bod holl adnoddau naturiol Cymru, e.e. glo a dŵr, yn cael eu rheoli gan gyrff etholedig Cymreig, gydag ailfuddsoddi er lles i bobl Cymru.

2. Bod yr holl eiddo tai yn cael ei ddosbarthu yn unol ag anghenion y bobl Gymreig er mwyn gwrthsefyll diboblogi, yn enwedig lle mae hwn yn peryglu'r iaith.

3. Bod yna fuddsoddi cyfalaf dwys mewn diwydiant yng Nghymru, yn enwedig gan rai sy'n gwneud arian allan o Gymru, er mwyn creu sylfaen barhaol i gyflogaeth, fel na fydd arf bwriadol diweithdra yn gwneud gweithwyr ac ieuenctid Cymru'n ddibynnol ar dwristiaeth, cynlluniau caeth-lafur, neu'r lluoedd arfog Seisnig er mwyn ennill eu bywoliaeth.

Rydym yn annog pob grŵp gwleidyddol agored neu gudd

i gefnogi'r galwadau hyn. Mae rhai wedi condemnio'n dulliau, ond beth mae 'democratiaeth' Seisnig a phrotest heddychlon wedi ei ennill i Gymru? Cofiwch y cau gweithfeydd dur a phyllau glo, Tryweryn a democratiaeth y llythyr Dear Nick.

Ar waelod y llythyr roedd manylion a fyddai, mae'n debyg, yn profi dilysrwydd y cysylltiad rhwng y llythyrwr a'r bomiau:

> Rhoddwyd gair cudd gyda phob rhybudd geiriol o'r 3ydd, 4ydd a 5ed ymosodiad, bydd hyn yn parhau a bydd pob 'hawlio' arall yn ffug.
> Yn Birmingham roedd y bom y tu mewn i focs.
> Yn Stratford roedd y ddyfais amseru y tu mewn i focs gwyddbwyll.
> Yn Llundain, wats arddwrn bachgen oedd y ddyfais amseru.

Nid Digwyddiad 13 oedd diwedd ymgyrch WAWR. Yn Nhachwedd 1982 fe hawlion nhw'r cyfrifoldeb am ffrwydrad sylweddol mewn swyddfa dreth yn Abertawe. Chafodd honno mo'i hychwanegu at y rhestr ddigwyddiadau. Roedd y diffynyddion i gyd ond un erbyn hynny yn y carchar.

Trwy gymysgedd o lwc, rhybuddion teleffon, a gwneuthuriad carbwl, doedd yr un o'r dyfeisiadau wedi lladd nac anafu neb. Doedden nhw ddim hyd yn oed wedi gwneud llawer o ddifrod economaidd. Ond fel y dywedodd Brendan Behan, mae bomiau bach yn medru bod yn ddeinameit. Yn wleidyddol roedd hynny'n sicr yn wir am y rhain, oedd wedi taro mor agos at galon y blaid Geidwadol a sefydliadau'r wladwriaeth.

'Mae'n rhaid bod yna bwysau aruthrol gan y llywodraeth a'r Swydddfa Gartref ar i rywbeth gael ei wneud,' medd yr Athro Phil Thomas o Brifysgol Caerdydd. 'Fe fyddai'r pwysau hynny wedi disgyn ar ysgwyddau'r heddlu, y Special Branch ac MI5.

Yn ystod unrhyw fath o argyfwng y peth olaf y gall yr heddlu a'r lluoedd diogelwch ei fforddio yw rhoi'r argraff eu bod nhw'n lletchwith neu'n analluog. Maen nhw'n teimlo bod yn rhaid cael rhyw "kneejerk reaction". Y tro hwn roedd y pwysau'n waeth oherwydd yr holl dai haf oedd yn cael eu llosgi heb i neb gael ei gyhuddo, a'r holl gyhoeddusrwydd roedd hynny'n ei greu. Yn anffodus i'r bobl ifanc yn yr achos fe aethon nhw i afael plismyn anonest oedd yn teimlo y byddai dal unrhyw un yn gwneud y tro.'

Pennod 3

TRO I'R CHWITH

Un o ganlyniadau'r naid i'r Dde dan Lywodraeth Mrs Thatcher oedd tanio gobeithion a breuddwydion y Chwith. Doedd Marx a Trotsky ddim wedi cael cymaint o sylw ers blynyddoedd, wrth i fudiadau, pleidiau a charfanau godi neu atgyfodi beunydd o blith eu disgyblion. Ai hwn oedd y cyfle o'r diwedd i ddymchwel cyfalafiaeth? Roedd rhai o'r grwpiau'n annibynnol ac eraill yn gweithio oddi mewn i bleidiau oedd yn bod yn barod, er gofid, fel arfer, i arweinwyr y pleidiau hynny. Y mwyaf adnabyddus oedd y Militant Tendency, a gychwynnodd y tu mewn i'r Blaid Lafur a chael eu troi allan gan Neil Kinnock. Go debyg fu hanes y 79 Group yn yr SNP yn yr Alban.

Doedd pethau ddim mor stormus yng Nghymru, lle daeth y Chwith Cenedlaethol a Mudiad Gweriniaethol Sosialaidd Cymru i fodolaeth. Ymgais oedden nhw i bontio sosialaeth a chenedlaetholdeb, i gael cenedlaetholwyr asgell chwith a sosialwyr gwladgarol i gydweithio. Llefarydd mwyaf blaenllaw y dyhead hwnnw oedd AS Meirionnydd, Dafydd Elis Thomas, oedd mor barod â neb i siarad iaith y rhyfel dosbarth. Mewn rhagair i *Sosialaeth i'r Cymry*, pamffledyn a sgrifennwyd gan Robert Griffiths a Gareth Miles a'i gyhoeddi yng Ngorffennaf 1979, dywedodd mai trefedigaeth fewnol oedd Cymru 'ac nad oes obaith na dyfodol iddi oni bai fod ei phobl yn ymroi i ddanseilio a dymchwel y gyfundrefn gyfalafol ym Mhrydain a thrwy'r byd'. Cyn hir roedd yr Aelod dros Feirionnydd yn gefn ac yn arwr i lowyr y De yn ystod eu streic, a chafodd ei fedyddio gan eu harweinwyr yn 'Aelod dros Gymru'. Wedyn y daeth y sioc o sylweddoli mai arglwydd oedd eu bugail yn y bôn.

Y pamffledyn hwnnw, *Sosialaeth i'r Cymry*, a roddodd fod i Fudiad Gweriniaethol Sosialaidd Cymru, y mudiad yr oedd pob un o'r diffynyddion yn yr achos cynllwynio yn perthyn iddo. Roedd un o'r awduron, Gareth Miles, cyn-gadeirydd Cymdeithas yr Iaith, yn drefnydd Undeb Cenedlaethol Athrawon Cymru ac yn byw ym Mhontypridd. Roedd Robert Griffiths o Gaerdydd wedi gadael ei waith fel swyddog ymchwil seneddol Plaid Cymru pan ddaeth y swydd honno i ben mewn amgylchiadau dadleuol. Daeth y Mudiad Gweriniaethol i fodolaeth yn Ionawr 1980 gyda Robert Griffiths yn ysgrifennydd, Tim Richards o Gaerffili'n gadeirydd a Gareth Miles yn is-gadeirydd.

Dywed Robert Griffiths heddiw mai anfodlonrwydd ynglŷn ag ymateb pleidiau gwleidyddol i argyfwng Cymru oedd y prif reswm dros sefydlu'r mudiad. 'Roedd yna argyfwng economaidd gyda'r holl swyddi'n cael eu colli. Roedd hi'n argyfwng gwleidyddol ar ôl y refferendwm a'r etholiad. Ac roedd 'na argyfwng diwylliannol yng nghefn gwlad ynglŷn â'r iaith. Roedd rhai ohonon ni oedd ar y Chwith yn y mudiad cenedlaethol yn teimlo nad oedd yr atebion ddim gyda Phlaid Cymru na'r Blaid Lafur, ac mai dyma'r amser a'r amgylchiadau ar gyfer sefydlu mudiad sosialaidd oedd hefyd yn gryf ar y cwestiwn cenedlaethol.'

Doedd y pamffledyn *Sosialaeth i'r Cymry* ddim yn rhag-weld y byddai'r mudiad yn troi'n blaid ac yn ymladd etholiadau. Fydden nhw ddim yn mynnu bod yr aelodau'n cefnu ar bleidiau roedden nhw'n perthyn iddyn nhw'n barod, os oedd modd hyrwyddo'u hamcanion oddi mewn i'r pleidiau hynny. Ond fe ddylai'r mudiad 'drefnu a chefnogi ralïau a gwrthdystiadau, cynnal dosbarthiadau addysgol, ysgogi a noddi ymchwil, a chyhoeddi llenyddiaeth wleidyddol . . .'

Yn ei anterth roedd gan y Mudiad tua thri chant o aelodau yn gweithredu o fewn 'clybiau' lleol. Roedd y rhan fwyaf o'r rheini yn y de-ddwyrain ond roedd rhai i'w cael hefyd yn Abertawe, Llanelli, Aberystwyth, Bangor a Glannau Dyfrdwy. Roedd y rhan fwyaf o'r aelodau wedi dod o rengoedd Plaid Cymru ac yn teimlo nad oedd y Blaid, yn ôl Robert Griffiths, 'yn ddigon beiddgar ar y cwestiwn cenedlaethol nac ar y cwestiynau economaidd a chymdeithasol.'

Allai neb gyhuddo'r Mudiad Gweriniaethol o ddiffyg beiddgarwch. Roedden nhw'n rhoi'r argraff eu bod nhw'n mynd o'u ffordd i dynnu grym y wladwriaeth ar eu pennau. Nhw oedd wedi sefydlu Band Merthyron Abergele, oedd yn cael ei hyfforddi gan John Jenkins, oedd wedi ei garcharu am ddeng mlynedd am ymgyrch fomio MAC adeg yr Arwisgo. Roedd aelodau'r Mudiad yn amlwg yn yr orymdaith flynyddol i gofio'r ddau a laddwyd gan eu bom eu hunain yn Abergele yn '69. Roedden nhw hefyd yn amlwg mewn rali ym Merthyr yn 1981 i gofio'r gwrthryfel yno 150 mlynedd ynghynt a arweiniodd at grogi Dic Penderyn. Un o gyfraniadau'r Mudiad Gweriniaethol i'r rali oedd llosgi Jac yr Undeb yn gyhoeddus. Y noson honno aeth yn ffradach yn y dre ar ôl i dafarn gau'n rhy gynnar dan amgylchiadau oedd yn awgrymu fod a wnelo'r heddlu rywbeth â'r trychineb. Roedd dau o'r gweriniaethwyr, Adrian Stone a Brian Rees, ymysg y rhai a gyhuddwyd am eu rhan yn yr anhrefn. Bu raid i'r ddau gael triniaeth mewn ysbyty ar ôl cael eu brathu gan gŵn yr heddlu. Roedd y ddau wedyn yn ddiffynyddion yn yr achos cynllwynio.

Un arall o gyfraniadau'r Mudiad oedd peintio sloganau gwleidyddol ar waliau a phontydd. Roedd Robert Griffiths wedi cael ei ddal wrth y gwaith ym Mhontypridd. Am fisoedd bu pobl oedd yn teithio trwy'r Broadway yn pendroni ynglŷn â'r cyhoeddiad 'WELSH MPs BET'. Doedden nhw ddim i wybod mai 'WELSH MPs BETRAY WALES' fyddai'r neges pe bai'r peintiwr wedi cael llonydd!

Os oedd y Mudiad Gweriniaethol yn gyhoeddus tu hwnt yn ei weithgareddau, doedd hynny ddim yn wir am fudiadau eraill. Yn Rhagfyr 1979 fe losgwyd dau dŷ haf ym Mhen Llŷn a dau arall yn Sir Benfro. O fewn chwe wythnos roedd 16 o dai wedi eu llosgi; erbyn diwedd Ebrill 1980 roedd y nifer wedi cyrraedd 37 ac yn dal i ddringo.

Ymateb yr heddlu oedd Operation Tân, y cyrch plygeiniol ar gartrefi gwladgarwyr ledled Cymru ar Sul y Blodau pan gafodd hanner cant o bobl eu harestio a'u cadw yn y ddalfa am hyd at dridiau, deg o aelodau'r Mudiad Gweriniaethol yn eu plith. Roedd gan bennaeth CID Dyfed-Powys, Pat Molloy, air o gyngor i'r rhai oedd yn cwyno am ymddygiad yr heddlu: byddai'n ddoeth iddyn nhw ddistewi nes gwybod y ffeithiau'n llawn, meddai. Chafodd dim un o'r hanner cant ei gyhuddo o unrhyw drosedd.

* * *

Ym mis Mawrth 1981 cafodd Cymru sylw mawr ar *Nationwide*, rhaglen gylchgrawn nosweithiol BBC 1. Llosgi tai haf oedd y pwnc ac roedd y gohebydd, Albanwr o'r enw Bill Kerr-Elliot, yn honni ei fod wedi llwyddo, mewn ymweliad byr â Gwlad y Gân, i guro pob plismon, newyddiadurwr a doethinebwr tŷ tafarn yng Nghymru. Roedd wedi cyfarfod â'r llosgwyr.

Os mai yn ôl yr ymateb y mae mesur llwyddiant rhaglen, roedd y cynhyrchiad yn gampwaith. Roedd hi hefyd ar un ystyr yn rhaglen gytbwys, gan iddi gael ei chondemnio gyda'r un arddeliad o bob cyfeiriad gwleidyddol. Rhybuddiodd y cyn-Ysgrifennydd Cartref Llafur, Merlyn Rees, y byddai'r ffilm, rywsut, yn achosi i bobl gael eu hanafu. I'r Ceidwadwr Keith Best AS roedd y BBC wedi dangos anghyfrifoldeb 'yr wyf fi hyd yn oed yn cael trafferth i'w gredu'. Roedd y Parch. Meirion Lloyd Davies, Pwllheli, a gafodd gyfweliad ar y rhaglen, yn cwyno bod y cynhyrchwyr wedi camliwio'i farn. Roedd wedi condemnio'r llosgi cyn mynd ymlaen i sôn am broblem ail gartrefi, meddai, ond roedd y condemniad wedi ei dorri allan, nes rhoi'r argraff ei fod yn cydymdeimlo â'r llosgwyr.

Beirniad mwyaf hallt y rhaglen oedd Prif Gwnstabl Heddlu'r Gogledd, Philip Myers, oedd o'r farn y gallai achosi i'r ymholiadau i'r llosgi gael eu dal yn ôl am wythnosau. Roedd Mr Myers wedi gwrthod cymryd rhan yn y rhaglen ar ôl i Bill Kerr-Elliot ofyn iddo ffilmio cyfweliad yng Nghaergybi, 'er mwyn dangos bod gan y troseddau gysylltiadau Gwyddelig'.

Roedd y rhaglen, ym marn y Prif Gwnstabl, yn enbyd o anghyfrifol, ymhell o'r gwirionedd, a rhannau ohoni'n ymylu ar dwyll. Dyna'r union ffilm, ddwy flynedd a hanner wedyn, oedd yn rhan ganolog o dystiolaeth yr erlyniad yn yr achos cynllwynio yng Nghaerdydd.

Yn y rhan fwyaf dramatig o'r rhaglen fe welwyd Bill Kerr-Elliot a'i griw yn gwisgo mygydau am eu llygaid ac yn cael eu gyrru mewn car i adeilad dirgel yng Nghaerdydd. Yno fe gawson nhw gyfarfod 'terfysgwr Cymreig' a ddangoswyd mewn *silhouette*. Wnaeth y 'terfysgwr' ddim siarad, ond fe roddodd ddatganiad ysgrifenedig i Mr Kerr-Elliot. Yn hwnnw roedd mudiad o'r enw Cadwyr Cymru yn dweud mai nhw oedd yn gyfrifol am yr ymgyrch losgi, a'u bod yn bwriadu dal ati nes y byddai imperialaeth Seisnig wedi ei esgymuno o ddaear Cymru. Ond i ambell wyliwr craff roedd yna un peth yn tarfu ar y cyffro. Roedd y llenni a'r papur wal yn gyfarwydd. Y man cyfarfod oedd Tŷ'r Cymry, cadarnle parchusrwydd Cymraeg dosbarth canol Caerdydd.

Mewn rhannau eraill o'r rhaglen roedd cyfweliad am yr ymgyrch losgi gyda John Jenkins, ac un arall gydag ysgrifennydd y Mudiad Gweriniaethol, Robert Griffiths. A dangoswyd noson gymdeithasol yn hen glwb y BBC yn Newport Road, Caerdydd, ar y nos Wener cyn gêm rygbi rhwng Cymru a'r Alban. Y Mudiad Gweriniaethol oedd wedi trefnu'r noson ac iddi naws Geltaidd, a ffilmiwyd deuawd o'r Alban yn canu caneuon gweriniaethol. Er mwyn Bill Kerr-Elliot a'i griw fe ddechreuodd rhywun ddosbarthu bathodynnau ar ffurf bocs matsys gyda'r slogan, 'England's Glory. Strike a light for Wales.'

Cyn mynd ymhellach, mae'n well i minnau wneud cyfaddefiad. Ffrindiau i fy ngwraig a minnau oedd y cantorion 'chwyldroadol' o'r Alban, wedi dod atom i aros dros y gêm rygbi. Mewn sgwrs efo'n cymydog gweriniaethol y penderfynwyd nad oedd waeth iddyn nhw ganu ddim, gan eu bod nhw yno. Yn y ffilm honno y cafwyd y clip sydyn ohonof i â pheint o Guinness yn fy llaw, a byddai'r clip hwnnw'n achosi diddanwch mawr erbyn iddo gael ei ddangos am y dwsinfed tro yn Llys y Goron.

Pan ddangoswyd yr eitem ar *Nationwide* roedd dau beth yn amlwg. Doedd gan Bill Kerr-Elliot, mwy na finnau, ddim mwy o wybodaeth am losgwyr tai haf nag oedd gan dwrch daear am yr haul. Ac roedd Mudiad Gweriniaethol Sosialaidd Cymru'n dioddef o ryw ddireidi peryglus oedd yn eu cymell i chwarae triciau ar newyddiadurwyr di-glem o Loegr, a herio'r heddlu.

Mae Robert Griffiths, oedd yn gyfrifol am y cyfarfyddiad 'cudd' yn Nhŷ'r Cymry, yn cydnabod i'r Mudiad fod yn annoeth ar adegau.

'Roedden ni'n chwarae bod yn Wyddelod i ryw raddau,' meddai. 'Doedd hynny ddim yn beth arbennig o gall, gan fod Cymru'n wlad wahanol iawn mewn llawer ffordd. Yn yr awyrgylch oedd yn datblygu yng Nghymru ar y pryd roedd pobol yn meddwl bod popeth yn bosib, ond doedd yr asesiad hwnnw ddim yn iawn.

'Yr hyn roedden ni'n chwilio amdano oedd cyhoeddusrwydd ac roedd y rhaglen *Nationwide* yn gyfle da i gael sylw dros Brydain i gyd. Ar yr un pryd roedd y cyfryngau'n awyddus iawn i gael straeon ganddon ni ac amdanon ni, bron yn ein pestro ni ar adegau.

'Ein safbwynt ni ynglŷn â thai haf, ac rwy'n cofio dweud hynny ar y rhaglen *Nationwide*, oedd nad oedd y llywodraeth ddim yn gwrando ar bobol Cymru am nad oedden ni'n protestio digon, ac mai dulliau fel hyn oedd yr unig ffordd i'w cael nhw i wrando. Dyna oedd hanes yr ymerodraeth.'

Pennod 4

CHWARAE'N TROI'N CHWERW

Ddwywaith yn fy mywyd mi ges i'r profiad diddorol o gyf-weld Dafydd y Dug. Yr un oedd y thema y ddau dro: hanes yr heddlu'n ei arestio, ei groesholi, ei fygwth, ei gadw mewn cell am wythnosau heb fechnïaeth, a'i ryddhau'n sydyn heb gyhuddiad, iawndal nac ymddiheuriad. Cynhaliwyd y cyfweliad cyntaf yn yr Hydd Gwyn, Aberystwyth, yn 1969 a'r ail yng Nghlwb y Bont, Pontypridd, yn 1983. Peidiwch byth â dweud wrth Dafydd y Dug nad ydi mellten yn taro ddwywaith.

Enw iawn Dafydd y Dug ydi David Burns. Ond Dafydd y Dug yr oedd hyd yn oed y bargyfreithwyr yn ei alw fo, wrth sôn amdano yn yr achos cynllwynio. Roedd hynny rhag ofn iddo gael ei gamgymryd am David Burns arall, oedd yn un o'r diffynyddion. Mae 'na sawl David Burns yng Nghymru, ond dim ond un Dafydd y Dug.

Achos helbulon Dafydd y Dug y tro cyntaf oedd yr FWA, byddin enwog Cayo Evans sy'n unigryw ymhlith byddinoedd y byd am na chymerodd erioed ran mewn brwydr. Roedd yr awdurdodau'n taeru bod Dafydd yn un o'r milwyr, ac yntau'r un mor daer nad oedd o ddim. Cafodd ei gadw ar ei ben ei hun mewn cell fechan yng ngharchar Abertawe am 23 awr y dydd am 13 wythnos. Yn ystod y cyfnod hwnnw bu farw'i fam ym Mhen-y-bont ar Ogwr a chafodd fynd i'r angladd, mewn cyffion. Ar ddechrau'r achos llys lle carcharwyd Cayo ac eraill dywedodd yr erlyniad nad oedden nhw am roi tystiolaeth yn erbyn Dafydd y Dug, ac y câi fynd adre. Mi gyhoeddwyd yr hanes yn *Y Cymro* yn ystod wythnos yr Arwisgo, dan y pennawd 'Cenedl heb iaith, cenedl heb galon'. Ar ôl i rywun gyfieithu'r dywediad hwnnw iddo, medda fo, y dysgodd Gymraeg a dod yn genedlaetholwr.

Pan osodwyd y bom yn swyddfa recriwtio'r fyddin ym Mhontypridd yn Hydref 1981 roedd Dafydd yn byw heb fod ymhell o'r adeilad hwnnw. Roedd o hefyd yn aelod o Fudiad Gweriniaethol Sosialaidd Cymru. Dau reswm teilwng, yng ngolwg yr heddlu, dros alw yn ei dŷ. Bu'n disgrifio'r hyn a ddilynodd yn y cyfweliad radio hwnnw yng Nghlwb y Bont:

'Daeth tri plismon at y drws am naw o'r gloch y bore. Dyma fi'n eu galw nhw i mewn ac yn gweld bod yna ddau arall yn y cefn. Aeth y pump o gwmpas y tŷ yn chwilio trwy bobman a gofyn pob math o gwestiynau. Roedden nhw eisie gwybod beth roeddwn i'n wneud yn y ddau ddiwrnod cyn hynny a dyma fi'n dweud popeth wrthyn nhw. Fe adawon nhw ymhen awr a chlywais i ddim siw na miw oddi wrthyn nhw wedyn am chwe mis. Roedden nhw'n gwrthod dweud pam eu bod nhw'n fy nghroesholi fi ond ar ôl iddyn nhw fynd fe glywais ar y radio am y bom ym Mhontypridd.

'Ym mis Ebrill '82 fe ddaethon nhw i 'ngweld i eto. Aethon nhw â fi lawr i Gaerdydd; fues i yno'n cael fy nghroesholi am dair neu bedair awr, a wedyn dyma nhw'n fy ngollwng i'n rhydd. Aeth mis arall heibio a dyma nhw'n fy mhigo fi lan yn gynnar yn y bore. Y tro hwnnw fe gadwon nhw fi yn y celloedd am ddau ddiwrnod. Nid jest plismyn o Gymru oedd yno nawr ond heddlu'r West Midlands a Llundain hefyd, yn fy nghroesholi fi'n solid am ddau ddiwrnod. Aeth tair wythnos arall heibio cyn iddyn nhw'n arestio fi eto. Y tro yma fe gadwon nhw fi am fis yn y carchar, a 'nghyhuddo i o fod wedi gosod y bom ym Mhontypridd. Wedyn ges i fechnïaeth am ddeng mil o bunnau. Ar ôl hyn i gyd fe ddwedon eu bod nhw'n gollwng y cyhuddiadau yn fy erbyn i.

'Y rheswm swyddogol gefais i am hyn i gyd oedd eu bod nhw wedi ffeindio glud a pegs dillad yn fy nhŷ i. Roedden nhw'n dweud fod y glud, glud hollol gyffredin, yr un fath â pheth oedd wedi cael ei ddefnyddio yn y bom ym Mhontypridd a bod y pegs dillad yn debyg i rai oedd mewn dyfais rywle yn y gogledd. Roeddwn i'n defnyddio'r glud i wneud modelau o awyrennau ac roedd y pegs yr un fath â rhai fydde rhywun yn eu gweld yn unrhyw dŷ yn y wlad.'

Nid Dafydd y Dug oedd yr unig Weriniaethwr i gael cnoc ar ei ddrws yn y dyddiau wedi'r ddyfais ym Mhontypridd. Yn y cyrch mwyaf gan yr heddlu ar dai cenedlaetholwyr ers Sul y Blodau'r flwyddyn cynt fe arestiwyd 18 o bobl a'u cadw yn y ddalfa am hyd at 30 awr. Roedd y mwyafrif yn aelodau o Fudiad Gweriniaethol Sosialaidd Cymru. Fel yn Operation Tân roedd yr holi'n ymwneud â daliadau pobl yn hytrach nag unrhyw drosedd. Beth oedd eu hagwedd at yr iaith Gymraeg, y teulu Brenhinol, annibyniaeth i Gymru?

Roedd yr heddlu erbyn hyn wedi sylwi ar debygrwydd rhwng amcanion agored Mudiad Gweriniaethol Sosialaidd Cymru a'r rhai oedd yn cael eu mynegi yn negeseuon y mudiad cudd, WAWR. Eu casgliad nhw oedd bod un yn adain wleidyddol a'r llall yn adain filwrol i'r hyn oedd yn un mudiad yn y bôn, fel Sinn Fein a'r IRA. Ac roedden nhw am fynd gam ymhellach trwy ddangos, rywsut neu'i gilydd, mai aelodau'r Mudiad Gweriniaethol oedd yn gosod y bomiau.

Ar y pryd fe ddywedodd Phil Thomas, ysgrifennydd Ymgyrch Cymru dros Hawliau Gwleidyddol a Sifil, ei bod hi'n edrych yn debyg fod yr heddlu'n casglu gwybodaeth i'w ffeiliau am weithredwyr gwleidyddol ar gyfer y dyfodol, yn hytrach nag ymchwilio i droseddau penodol. Mewn cyfweliad yn y cylchgrawn *Rebecca* fe rybuddiodd: 'Gellir defnyddio gwybodaeth am gyfeillion, mynychu cyfarfodydd, deunydd darllen a phethau a ddarganfuwyd mewn cartrefi, i ddibenion achos cynllwynio yn y dyfodol.'

Roedd rhai o fewn y Mudiad Gweriniaethol erbyn hyn yn poeni fod y chwarae'n troi'n chwerw yn eu perthynas gyda'r heddlu. Erbyn Hydref 1981 roedd 30 o'r aelodau wedi cael eu harestio a'u cadw am wahanol gyfnodau. Cyhoeddwyd datganiad ym mhapur y Mudiad, *Y Faner Goch*, yn ceisio egluro'u hagwedd at drais i ddibenion gwleidyddol:

'Mae Mudiad Gweriniaethol Sosialaidd Cymru'n
gyfundrefn wleidyddol agored a chyfreithlon. Yr ydym yn
ymgymryd â rhaglen eang o weithgaredd gwleidyddol er
mwyn cyflwyno'n dadleuon dros adeiladu gweriniaeth
sosialaidd Gymreig. Nid yw hi'n bolisi ar ran y mudiad ar
unrhyw lefel i hybu neu i gyfrannu mewn gweithredoedd
milwrol fel llosgi neu osod ffrwydron. Yn hytrach yr ydym
yn annog pobl i ymuno â'r mudiad er mwyn gweithredu'n
wleidyddol o fewn terfynau'r gyfraith.'

Robert Griffiths oedd aelod mwyaf pwerus y Mudiad
Gweriniaethol a'r un, mwy na thebyg, yr oedd yr heddlu'n
fwyaf awyddus i'w weld dan glo. Roedd o hefyd yn huawdl, ac
yn rhoi'r argraff ei fod yn mwynhau'r frwydr seicolegol.

Ar Sul y Blodau y galwodd yr heddlu gyntaf yn ei dŷ. Fe
aethon nhw yno wedyn ar ôl i aelodau'r Mudiad gael eu gweld
yn Rali Merthyron Abergele, i'w rybuddio ynglŷn â gwisgo
lifrai milwrol. Aed â sacheidiau o bethau allan o'i dŷ i'w
harchwilio, gan gynnwys Sellotape a phinnau bawd. Ym Mai
1982 daeth yn ymwybodol fod heddlu cudd, oedd ymhell o fod
yn gudd, yn cadw golwg ar ei dŷ ac yn ei ddilyn i bobman. Bob
hyn a hyn byddai'n curo ar ffenest eu car ac yn gofyn pam eu
bod nhw'n gwastraffu amser. Yn y diwedd fe drefnodd
gynhadledd i'r Wasg er mwyn cyflwyno'i warchodwyr i'r
cyfryngau, ond y diwrnod hwnnw roedden nhw wedi diflannu.

Un diwrnod roedd wedi cael gwahoddiad i annerch cyfarfod
ynglŷn â hawliau sifil ym Mholitechnig Cymru yn Nhrefforest
ger Pontypridd. Mae'n dal i fwynhau dweud yr hanes:

'Pan es i mas o'r tŷ roedden nhw yno yn y car yn aros
amdana i, ac fe benderfynais eu colli nhw trwy yrru'n
gyflym ar hyd strydoedd cefn yn ardal y Rhath. Fe es i
ymlaen i'r Deml Heddwch i godi ffrind, Mike Peterson, oedd

30

yn dod gyda fi i Drefforest. Syniad Mike oedd y dylen ni fynd â'r plismyn gyda ni er mwyn dangos i'r myfyrwyr yr union beth roedden ni'n sôn amdano ynglŷn â hawliau sifil. Felly roedd yn rhaid inni fynd yn ôl at fy nhŷ, ac yno'r oedden nhw wedi cyrraedd yn ôl o'n blaenau ni. Roeddwn i'n gyrru'n araf iawn wedyn i Drefforest rhag iddyn nhw'n colli ni eto.

'Mi fûm yn annerch y cyfarfod ac roedd y myfyrwyr yn synnu clywed am y pethau oedd wedi bod yn digwydd. Ar y diwedd dyma fi'n dweud wrthyn nhw bod y plismyn bron yn siŵr o fod yn aros amdana i y tu allan i'r campus. Felly dyma ni'n gorymdeithio gyda rhyw 40 o fyfyrwyr yn dilyn, mas o'r coleg at y car lle'r oedd y plismyn yn dal i eistedd. Yn sydyn roedd y myfyrwyr wedi amgylchynu'r car. Roedd rhai ohonyn nhw'n rhedeg gorsaf radio yn y coleg ac yn dal meicroffon o flaen yr heddlu a gofyn am gyfweliad. Fe gaeodd ffenestri'r car yn sydyn iawn.'

Pennod 5

GWESTY EI MAWRHYDI

Byddai rhywun yn disgwyl i bennod am fywyd mewn carchar ddod ar ôl disgrifiad o'r achos llys oedd wedi anfon pobl yno. Yn y drefn arall y digwyddodd pethau yn yr achos hwn, ac mae'r cyfnodau hir a dreuliodd y diffynyddion dan glo cyn cyrraedd y llys yn dal yn destun dadlau cyfreithiol 18 mlynedd yn ddiweddarach. Roedd y rhai a gafwyd yn ddi-euog wedi bod yn y carchar am hyd at naw mis a hanner cyn cael mechnïaeth, ac un a gafwyd yn euog o rai troseddau wedi bod dan glo am 21 mis cyn cael ei ddedfrydu. Dadl ymgyrchwyr hawliau sifil yw bod hynny'n hollol groes i'r egwyddor fod pawb yn ddi-euog nes bod llys yn profi'r gwrthwyneb.

Roedd pob un o'r wyth oedd i gael eu cyhuddo o gynllwynio wedi cael eu harestio rhwng Ebrill a Gorffennaf 1982. Fe ddaeth yn ddefod wedyn eu bod nhw'n ymddangos mewn llys i ofyn am gael eu rhyddhau ar fechnïaeth, gyda'r heddlu'n gwrthwynebu pob cais ar y sail y byddai hynny'n amharu ar eu hymholiadau. Roedd ynadon, yn enwedig rhai cyflogedig, yn fwy parod i wrando ar yr heddlu nag ar gyfreithwyr y carcharorion, nes iddi fynd yn dipyn o loteri pwy oedd yn cael ei ryddhau a phwy na fyddai.

'Roedd ein cyfreithwyr ni'n sicr bod yr awdurdodau'n mynd yn groes i'r ddeddf ynglŷn â mechnïaeth,' meddai Adrian Stone, o Benyrheol, Caerffili, oedd wedi bod yng ngharchar Caerdydd am chwe mis cyn i lys benderfynu o'i blaid. 'Dim ond tri rheswm sydd yna i fod dros wrthod mechnïaeth: y tebygrwydd y byddai rhywun yn troseddu eto, yn diflannu, neu'n ymyrryd gyda thystion neu dystiolaeth. Doedd neb yn dadlau y bydden ni'n debygol o wneud dim un o'r pethe hynny.' Ar ôl bod yn rhydd ar fechnïaeth cafodd Adrian Stone ei gadw yn y ddalfa wedyn am bythefnos, pan dynnwyd ei fechnïaeth oddi arno heb eglurhad. Mae'n cyhuddo'r heddlu o ddefnyddio'r cyfnod hwnnw er mwyn cael tystiolaeth yn ei erbyn trwy 'driciau brwnt':

'Fe ddodon nhw garcharor arall i rannu cell gyda fi. Yr eiliad y gwelais i fe roeddwn i'n teimlo bod rhywbeth o'i le. Fe ddwedodd bod e i mewn am fwrgleriaeth. Ond roedd e wedi dweud wrth rywun arall taw wedi bod mewn 'domestic' gyda'i wraig oedd e. Ond y gwir oedd, fe gawson ni wybod wedyn, ei fod e i mewn am dreisio'i blant ei hunan. Fe allai fod wedi cael carchar am oes am hynny. Ond fe aeth plismyn oedd yn delio â'n hachos ni i'r llys yng Nghasnewydd i siarad ar ei ran e. Fe ddwedon nhw ei fod e wedi gwneud datganiadau oedd yn help mawr iddyn nhw gyda materion difrifol, ac fe ofynnon nhw i'r llys ddangos tosturi ato fe. A'r cyfan gath e oedd blwyddyn o garchar. Roedd yr heddlu'n fodlon gweld dyn fel hyn, oedd yn euog o droseddau difrifol iawn, yn cael mynd yn rhydd am helpu i'n cael ni'n euog, er eu bod nhw'n gwybod yn iawn ein bod ni'n hollol ddi-euog.'

Bu raid i Dave Burns, o Gaerdydd, dreulio naw mis yn y carchar cyn cael mechnïaeth. Roedd yr apelio aflwyddiannus yn rhan o batrwm bywyd. Roedd diwrnod yr ymddangosiad olaf cyn yr un llwyddiannus yn un na fydd byth yn ei anghofio:

'Y noson cyn i mi fynd i'r llys roedd 'na ddyn yn y gell agosaf ond un oedd wedi'i gadw ar 'remand' yr un fath â ni. Doedd e ddim yn cael ei gyhuddo o ddim byd difrifol, wedi twyllo rhywun mas o swm eitha bach o arian. Roedd e'n 35 oed a doedd e erioed wedi bod mewn trwbwl o'r blaen. Roedd yntau i fod yn y llys eto i geisio cael mechnïaeth. A beth wnaeth e yn ystod y nos y noson cynt ond smasho'i ben yn hollol fwriadol trwy ffenest y gell nes torri'r 'jugular vein'. Fe glywais i fe a dyn ifanc oedd yn rhannu cell 'da fe yn sgrechian am i swyddog ddod yno i wneud rhywbeth. Fe gymrodd hi rywbeth fel hanner awr cyn i neb gyrraedd yno ac erbyn hynny roedd y dyn wedi colli gormod o waed ac wedi marw. A'r bore wedyn fe ddwedon nhw wrtho i yn y llys bod mechnïaeth wedi cael ei wrthod eto, a hynny rywbeth fel naw diwrnod cyn y Nadolig.'

Hap a damwain oedd hi i Robert Griffiths gael mechnïaeth ymhen wythnos. Roedd ei gais cyntaf yntau wedi cael ei wrthod ar ôl i'r heddlu bwysleisio fod y cyhuddiadau yn ei erbyn yn rhai difrifol a allai olygu pedair blynedd ar ddeg o garchar. Ond wedyn daeth tro ar fyd.

'Fe sylweddolodd yr ynad cyflogedig, Syr Lincoln Hallinan, fod gydag e ddiddordeb personol yn yr achos. Roedd e'n un o ymddiriedolwyr yr Amgueddfa Genedlaethol, lle'r oedd un o'r diffynyddion eraill, Gareth Westacott, yn gweithio. Felly fe dynnodd e mas ac fe gafodd yr apêl ei hystyried gan ynadon lleyg, oedd yn edrych ar bethe'n wahanol. Doedden nhw ddim mor barod i lyncu unrhyw beth roedd yr heddlu'n ei ddweud. Fe ganiataon nhw'r apêl. Am ryw reswm doedd y diffynyddion eraill ddim yn gallu apelio ar y diwrnod hwnnw neu mae'n fwy na thebyg y bydden hwythau wedi cael mynd yn rhydd.'

Un o ganlyniadau'r cyfnodau hir mewn carchar oedd creu rhwyg ymysg aelodau'r Mudiad Gweriniaethol. Roedd bwlch ideolegol yno o'r dechrau rhwng Marcswyr a chenedlaetholwyr, y ddau draddodiad roedd y Mudiad i fod i ddod â nhw at ei gilydd. Roedd gwahaniaeth o ran personoliaeth hefyd rhwng yr arweinyddion, oedd yn tueddu i fod yn ysgolheigion ac yn Farcswyr, a thrwch yr aelodau oedd yn genedlaetholwyr yn bennaf. I'r cenedlaetholwyr roedd yr arweinyddiaeth yn rhy hoff o ddadansoddi deallusol yn hytrach na gweithredu. O safbwynt y Marcswyr roedd llawer o'r cenedlaetholwyr yn benboethiaid di-ddisgyblaeth oedd yn cael eu harwain gan y galon yn hytrach na'r pen. Roedd y naill garfan yn beio'r llall am dynnu'r heddlu yn eu pennau, a'r dadleuon yn chwerwi wrth i fwy o'r aelodau gael eu harestio a'u carcharu.

Aeth y sefyllfa'n fwy dyrys ar ôl i'r heddlu gael dau lwyddiant oedd yn dangos nad oedd eu hamheuon am rai o'r Gweriniaethwyr yn hollol ddi-sail. Ar ôl iddyn nhw arestio Dafydd Ladd, aelod o'r Mudiad a chanddo CV liwgar fel chwyldroadwr anarchaidd, roedd o wedi mynd â nhw ar dir Castell Coch ger Tongwynlais i ddangos pecyn o ffrwydron oedd wedi ei guddio. Roedd hynny ym Mai 1982. Fis yn ddiweddarach aeth aelod arall, Brian Rees, â'r heddlu at becyn o danyddion yng nghoedwig Ogwr ger Pen-y-bont.

Roedd arestio Dafydd Ladd yn creu problem i Bwyllgor Amddiffyn y Carcharorion oedd newydd gael ei sefydlu mewn cyfarfod yng Nghaerdydd. A ddylen nhw fod yn ymgyrchu yn unig dros hawliau'r rhai roedden nhw'n credu eu bod nhw'n ddieuog, neu a oedd yna faterion hawliau sifil oedd yn berthnasol i bawb? Cymhlethdod arall oedd bod yr arweinwyr 'Marcsaidd' ar y tu allan i'r carchar tra oedd rhai o'r aelodau mwyaf gweithgar, oedd yn genedlaetholwyr yn gyntaf, y tu mewn. I'r carcharorion roedd Dafydd Ladd yn dipyn o arwr, tra oedd yr arweinyddion oedd â'u traed yn rhydd yn amheus ohono.

I Dave Burns roedd llawer o'r tensiwn yn dal i ddeillio o agwedd y Mudiad tuag at weithredu anghyfreithlon:

'Fy marn i o'r dechrau oedd y dylen ni ddweud beth oedden ni'n feddwl am bobol oedd yn llosgi tai haf ac yn gosod rhai o'r bomiau, achos doedd neb arall yn fodlon eu cefnogi nhw'n gyhoeddus. Doedd hi ddim yn drosedd i ddweud bod rhywun yn eu cefnogi nhw, cyn belled ein bod ni ddim yn cymryd rhan neu'n helpu'r bobol oedd yn cymryd rhan. Ond doedd Robert Griffiths ddim yn moyn cymryd llinell mor syth â hynny.'

Fe gyrhaeddodd y rhwyg ei benllanw wrth i'r Mudiad ystyried

a ddylen nhw roi ymgeisydd i sefyll yn is-etholiad seneddol Gŵyr oedd i'w gynnal ym Medi 1982.

'Roedd yr arweinyddiaeth ar y tu allan yn meddwl y dylen ni wneud hynny,' medd Robert Griffiths heddiw. 'Fe es i i'r carchar i gwrdd ag un o'r carcharorion, oedd yn siarad ar ran y gweddill, a fe ddwedais i wrtho fe bod ni'n meddwl y byddai hyn yn gyfle da inni dynnu sylw at gwestiwn y carcharorion. Roedd e'n mynd i ofyn barn y carcharorion, ac fe es i'n ôl i'r carchar ymhen rhyw wythnos. Ond eu barn nhw oedd y dylen ni ddatgan ein bod ni'n bwriadu sefyll yn yr is-etholiad, ond ar y funud ola y dylen ni dynnu mas o'r gystadleuaeth er mwyn peidio gwneud niwed i bleidlais Plaid Cymru. Fe ddwedais i wrthyn nhw ar ran yr arweinyddiaeth bod hyn yn bolisi twp. Buasai'r Mudiad a'r carcharorion yn edrych yn ffôl ar ôl inni wneud yr holl ffws am sefyll, ac yna'n tynnu mas er mwyn helpu Plaid oedd ddim wedi gwneud unrhyw beth i helpu'r carcharorion.'

Y canlyniad oedd cyfarfod stormus gan y Mudiad yn Abertawe, lle darllenwyd llythyr oddi wrth y carcharorion yn ymosod ar Robert Griffiths. Roedd y rhwyg rhwng y ddwy garfan erbyn hyn yn rhy ddwfn i'w phontio.

Yn y diwedd fe safodd un o'r carcharorion, Dave Burns, yn is-etholiad Gŵyr fel Carcharor Gwleidyddol Cymreig. 'Mae'n well inni anghofio'r profiad hwnnw,' meddai heddiw gyda gwên. 'Fe ddes i'n chweched, yn uwch na Screaming Lord Sutch ond y tu ôl i rywun oedd yn sefyll dros rywbeth yn ymwneud â chyfrifiaduron!'

Un o ganlyniadau eironig y cweryla oedd bod Mudiad Gweriniaethol Sosialaidd Cymru, sail yr achos cynllwynio yng Nghaerdydd, wedi peidio â bod erbyn i'r achos hwnnw ddechrau. Gallai'r heddlu hawlio fod hynny hefyd yn un o'u llwyddiannau.

UN DYN BACH AR ÔL

Roedd hi'n amlwg i bawb oedd yng nghyffiniau Llys y Goron, Caerdydd, ar fore Llun, 12 Medi 1983, bod rhywbeth allan o'r cyffredin ar fin dechrau. Roedd ugeiniau o blismyn o gwmpas yr adeilad, llawer ohonyn nhw â chŵn, a deugain o brotestwyr yn dangos eu hanfodlonrwydd efo'r hyn oedd yn eu barn nhw yn achos gwleidyddol.

Prin bod neb wedi agor ei geg y tu mewn i Lys 5 cyn inni sylweddoli bod yna ddechrau diddorol i'r ddrama. Saith oedd yn y doc, lle'r oedd wyth i fod. Roedd tipyn o dyndra a sibrwd, a phawb yn rhyw led-ddisgwyl gweld rhywun yn rhuthro i mewn â'i wynt yn ei ddwrn, i gael ei geryddu gan y Barnwr am gysgu'n hwyr. Ond ddigwyddodd hynny ddim, ac fe gyhoeddodd un o swyddogion y llys bod y diffynnydd Westacott ar goll. Gofalwr 29 oed yn yr Amgueddfa Werin yn Sain Ffagan oedd Gareth Westacott. Roedd yn cael ei gyhuddo o osod y bom yn swyddfa recriwtio'r Fyddin ym Mhontypridd ac o gynllwynio i achosi ffrwydrad.

Gohiriwyd dechrau'r achos i roi cyfle iddo gyrraedd, ac yn hytrach na gwastraffu amser gofynnwyd i'r pump oedd wedi eu galw yno i gyfieithu gymryd y llw. Roedd llai o alw am eu gwasanaeth heb Gareth Westacott, oedd yn un o ddau ddiffynnydd oedd wedi penderfynu tystio yn Gymraeg.

Cyn cinio fe ddywedodd plismon wrth y Barnwr ei fod wedi galw yn fflat Gareth Westacott yn Wyndham Crescent, Caerdydd, am ddeg o'r gloch y bore hwnnw. Roedd y lle mewn tipyn o anhrefn, meddai, ac roedd rhai o ddillad y cyhuddedig, yn ogystal â'r dyn ei hun, wedi diflannu. Doedd y cymdogion ddim wedi ei weld ers saith o'r gloch y nos Wener cynt. Penderfynodd y Barnwr ohirio'r gweithgareddau tan ar ôl cinio a chyhoeddwyd gwarant i arestio Gareth Westacott.

Roedd elfen o ddrama hefyd yn y ddefod o ddewis

rheithwyr, er nad oedd gan y rhan fwya ohonon ni syniad ar y pryd beth oedd y plot. Yn gynta fe ofynnodd bargyfreithwyr yr amddiffyn am i dri chwestiwn gael eu gofyn i'r darpar reithwyr. Roedd y Barnwr yn fodlon derbyn y cyntaf, sef a oedd ganddyn nhw gysylltiad ag unrhyw adeilad oedd wedi bod yn gysylltiedig â bom neu ddyfais cynnau tân. Ond fe wrthododd adael iddyn nhw gael eu holi ynglŷn ag aelodaeth o'r Blaid Geidwadol neu'r Lluoedd Arfog. Methu hefyd wnaeth cais am gael gofyn a oedden nhw'n perthyn i Blaid Cymru neu'r National Front.

Roedd hawl gan y diffynyddion i herio rhai o'r enwau ar banel y darpar reithwyr, a dyma lle cafwyd elfen o ddirgelwch. Roedd Robert Griffiths ac un neu ddau arall ar eu traed yn y doc gyda thaflenni o'u blaenau fel pe baen nhw'n paratoi i ganu emyn. Bob tro roedd clerc y llys yn galw enw roedd chwilio gwyllt trwy'r papurau, ac ambell dro, gair yng nghlust cyfreithiwr. Hwnnw wedyn yn gweiddi 'Challenge', a'r aelod hwnnw neu honno o'r panel yn cael mynd adref.

Roedd y rheithgor o ddeuddeg i gael eu dewis allan o banel o 156 o enwau, a'r enwau hynny wedi eu dangos i'r tîm amddiffyn ymlaen llaw. Roedd gan bob diffynnydd hawl i herio hyd at dri o'r enwau. Yn y dyddiau cyn yr achos roedd y diffynyddion wedi bod yn brysur yn cribinio drwy'r enwau a'u cymharu gyda chofnodion canfasio oedd wedi eu rhoi iddyn nhw gan ffrindiau ym Mhlaid Cymru a'r Blaid Lafur yng Nghaerdydd a'r cyffiniau. Fe wnaed rhestr o'r rhai oedd yn cefnogi'r Toriaid neu'n debyg o fod yn elyniaethus i ddaliadau'r gweriniaethwyr. Y rheini oedd yn cael eu herio a'u gwrthod. Bore trannoeth, ar ôl i un wraig oedd wedi cael ei dewis dynnu'n ôl oherwydd problem iechyd, fe ddaeth cyfle i herio un neu ddau arall cyn penderfynu'n derfynol ar yr wyth dyn a phedair merch oedd i wrando'r achos. 'Oedd hyn yn beth cyfreithlon?' gofynnais i Robert Griffiths. 'Siŵr o fod,' meddai. 'Roedden ni'n gwybod y byddai'r ochr arall yn arfer gwneud pethau felly.' Yn un o achosion Cymdeithas yr Iaith yng

Nghaerfyrddin roedd yr awdurdodau wedi llwyddo i ddod o hyd i reithgor uniaith Saesneg mewn ardal lle'r oedd yr iaith Gymraeg yn weddol gryf.

* * *

Pe bai gen i ddawn arlunydd mi fedrwn roi cynnig, hyd yn oed heddiw, ar un o'r darluniau llys hynny fydd yn cael eu dangos ar newyddion teledu, gan atgynhyrchu'n weddol gywir yr olygfa yn Llys y Goron, Caerdydd, 18 mlynedd yn ôl. Roedd fel cael eich cloi mewn theatr am naw wythnos a hanner, nes bod wynebau'r prif actorion wedi'u hoelio'n barhaol yn y cof. Mae Llys 5 yn wahanol i stafelloedd uchel, Fictorianaidd gweddill y llysoedd. Mae'n ystafell lai, un sgwâr, fodern â nenfwd isel. Y rheswm dros gynnal yr achos yma yn hytrach nag yn y llysoedd arferol oedd bod Llys 5 yn fwy addas ar gyfer system gyfieithu.

Roedd meinciau'r wasg a'r cyhoedd yn rhesi ar hyd un ochr. Yn ein hwynebu roedd meinciau'r rheithwyr, a'r 'tŷ gwydr' lle'r oedd y cyfieithwyr wrthi. Ar y dde inni roedd y doc, gyda'r diffynyddion a dau neu dri swyddog yn eistedd mewn dwy res yn wynebu'r Barnwr. Yng nghanol y sgwâr roedd y timau cyfreithiol, gan gynnwys dau oedd yn sêr yn eu maes bryd hynny ond sy'n disgleirio mwy fyth erbyn heddiw. Cymro Cymraeg oedd y prif erlynydd, Gareth Williams QC, sydd bellach yn Arglwydd Mostyn, y Twrnai Cyffredinol yn Llywodraeth gyntaf Tony Blair ac arweinydd Tŷ Arglwyddi yn yr ail. Roedd nifer o'r bargyfreithwyr amddiffyn yn dod o Lundain ac yn arbenigo mewn achosion ac iddynt gefndir gwleidyddol. Yn eu plith roedd Michael Mansfield QC, a ddaeth yn fwy enwog byth wedyn fel cynrychiolydd y Birmingham Six, y Guildford Four, teulu'r llanc croenddu Stephen Lawrence ac mewn llu o achosion mawr eraill. Fo oedd y mwyaf theatrig o'r perfformwyr, dyn mawr hirwallt, uchel ei gloch. Doedd dim perygl i'r rheithwyr na neb arall fynd i gysgu pan fyddai Mr Mansfield ar ei draed.

Albanwr 55 oed oedd y Barnwr, Mr Ustus Farquharson. Yn ôl fy ymchwil i mae'r enw'n tarddu o'r Gaeleg *fearcher*, sy'n golygu 'un annwyl iawn'. Wn i ddim pa mor addas fyddai'r disgrifiad hwnnw yng ngolwg y diffynyddion, na rhai o'r plismyn. Doedd o ddim yn swnio'n Albanaidd iawn o ran ei acen, ond yn ystod yr achos mi wnaeth o leiaf ddau gyfeiriad anuniongyrchol at ei wreiddiau. Pan aeth un diffynnydd i sôn am yr Highland Clearances yn ystod trafodaeth am ei ddaliadau gwleidyddol, cafodd ei geryddu am gael y dyddiad yn anghywir. Hwyrach bod hanes Cymru braidd yn ddieithr i mi, meddai'r Barnwr, ond dwi'n gwybod beth ydi beth yn hanes yr Alban. Pe bai'r rheithwyr heb gael y diffynnydd hwnnw'n ddi-euog mi allai'r camgymeriad fod wedi costio mis neu dda.

Ar ddiwedd yr achos y cafwyd y cyfeiriad arall at yr Alban. Pan oedd y rheithwyr allan yn ystyried y dystiolaeth fe ofynnon nhw i'r Barnwr am gael gweld y fideo o'r rhaglen *Nationwide* unwaith eto. *'Do we really have to listen to that doleful Scottish singing again?'* meddai Mr Ustus Farquharson. Roeddwn i ar fin neidio ar fy nhraed i amddiffyn doniau cerddorol fy ffrindiau Morag a Jimmie, oedd yn canu yn y clwb yng Nghaerdydd. Ond tewi oedd gallaf, rhag tramgwyddo'r un annwyl iawn.

Doedd cyfieithu ddim wedi dod yn gymaint o ddiwydiant yng Nghymru bryd hynny ag y mae heddiw. Fe wnâi unrhyw un oedd yn hyddysg yn y ddwy iaith y tro. Roedd tîm o bump wedi eu dewis, dau ohonyn nhw wrthi yn y tŷ gwydr ar unrhyw un adeg, un i gyfieithu o'r Gymraeg i'r Saesneg a'r llall o'r Saesneg i'r Gymraeg. Y mwyaf adnabyddus o'r pump oedd T.Gwynn Jones, Llanfairfechan, sef Gwynn Tregarth, Ceidwad y Cledd yn yr Orsedd. Y lleill oedd Ken Jones, cyn- ddarlithydd yn y Coleg Normal ym Mangor, y Parchedig Ifor Rees Jones o Dreforys, Mrs Tydfil Brewer o Aberystwyth, a Tecwyn Griffith o Ynys Môn. Yn fuan iawn roedden nhwythau'n rhan o'r 'teulu' rhwng y pedair wal, ac mae'r wynebau'n dal yn fyw yn y cof.

Pwy, felly, oedd y chwe dyn ifanc a'r un ferch yn y doc, y rhan fwya'n enwau dieithr ar ddechrau'r achos ond yn gyfarwydd i'r genedl erbyn y diwedd? Yn y rhes flaen, yn ôl fy nodiadau i ar y diwrnod cyntaf, roedd Jenny Smith, Adrian Stone, Nicholas Hodges, David Burns a Dafydd Ladd. Y tu ôl iddyn nhw roedd Robert Griffiths a Brian Rees. Roedd y dynion yn gwisgo siwtiau ar wahân i Dafydd Ladd, oedd mewn cot ledr frown, a Robert Griffiths oedd mewn crys coch, yn ddisiaced a di-dei. Roedd gan bob un feicroffon o'i flaen, ac roedd David Burns, ac weithiau Dafydd Ladd, yn gwisgo cyrn am eu clustiau er mwyn dilyn y gweithgareddau trwy'r cyfieithiad Cymraeg. Roedd pump o'r saith yn byw yng Nghaerdydd, un ym Mhen-y-bont a'r llall yn ardal Caerffili. Roedd yr hynaf, Dafydd Ladd, yn 33 oed a'r ieuengaf, Nic Hodges, yn 22.

* * *

Dydi'r cyhuddiad o gynllwynio ddim yn un dieithr yng Nghymru, yn enwedig mewn achosion yn ymwneud ag ymgyrchu gwleidyddol. Cafodd ei ddefnyddio yn erbyn arweinwyr Cymdeithas yr Iaith yn y saithdegau yn ogystal ag yn erbyn ymgyrchwyr gwrth-apartheid ac undebwyr llafur. Y fantais, o safbwynt yr awdurdodau, yw ei bod yn haws profi 'cynllwyn' i dorri'r gyfraith na'r tor-cyfraith ei hun, a bod modd i'r gosb fod yn fwy llym. Yr annhegwch, yn ôl ymgyrchwyr hawliau sifil, yw bod y cyhuddiad yn cael ei ddefnyddio'n aml i dorri crib mudiadau 'gwleidyddol' yn hytrach nag er mwyn dod â throseddwyr i gyfrif.

Yn yr achos hwn yng Nghaerdydd roedd pob diffynnydd yn cael ei gyhuddo o gynllwyn ac o drosedd neu droseddau penodol neu sylweddol. Y cyhuddiad oedd yn gyffredin i bawb oedd 'cynllwynio gyda'i gilydd a gyda phersonau eraill anhysbys, ar wahanol ddyddiadau rhwng Mawrth 1, 1980, a Mehefin 25, 1982, i ddinistrio neu ddifrodi eiddo heb esgus cyfreithlon'. Roedd y cyhuddiadau eraill yn ymwneud ag achosi ffrwydradau neu fod â ffrwydron yn eu meddiant yn anghyfreithlon.

Pan ddarllenwyd y cyhuddiadau yn eu herbyn fe ddywedodd pob diffynnydd yn ei dro ei fod yn pledio'n ddieuog i bob cyhuddiad. Dyna'r tro olaf inni glywed dau ohonyn nhw'n siarad, ond fe ddaethon ni'n gyfarwydd iawn â lleisiau'r lleill.

* * *

Mae araith gyntaf erlynydd mewn achos llys bob amser yn swnio'n ddeifiol o argyhoeddedig i leygwr, nes gwneud i rywun deimlo na fyddai waeth i'r tîm amddiffyn fod wedi aros gartref. Felly'r oedd hi'r tro hwn wrth i Gareth Williams, yn ei lais tawel ond enbyd o ddifrifol, ddisgrifio'r cyhuddiadau. Roedd y cynllwyn honedig i ddinistrio eiddo yn un eang o ran amser a lle, meddai, cyn dechrau croniclo'r dyfeisiadau a'r bygythiadau a ddisgrifiwyd eisoes ym mhennod 2. Ac fe glywsom am y tro cyntaf gri oedd i ddod yn gyfarwydd iawn dros yr wythnosau canlynol: Nid achos gwleidyddol oedd hwn, meddai. Roedd y bobl yn y doc yn cael eu profi ar gyhuddiadau troseddol. Roedd yr hyn roedd diffynyddion wedi ei ddweud neu ei ysgrifennu yn y gorffennol yn bwysig o ran cefndir, ond doedd neb i gael ei gosbi am ei ddaliadau.

Roedd y catalog o ddigwyddiadau'n swnio'n dra erchyll, a'r negeseuon gan wahanol fudiadau yn fendith i lunwyr penawdau tabloid. Ymhlith y bygythiadau mwyaf llenyddol roedd: *'Next time MAC will burn you to the ground'*, 'O Arglwydd dyma gamwedd' a *'You have lost Wales steel and coal you English pigs'*. Roedd cyfaddefiadau a darganfyddiadau mewn tai hefyd yn swnio'n dystiolaeth gref cyn iddyn nhw gael eu herio a'u darnio.

Roedd disgwyl i mi gynhyrchu tri adroddiad y dydd, ac yn y dyddiau cyntaf doedd hi'n fawr o gamp gwneud hynny heb ailadrodd. Ond yn sydyn, ar bumed diwrnod yr Achos, mi sychodd y ffynnon. Cafodd y rheithwyr eu hanfon allan o'r ystafell tra oedd dadleuon cyfreithiol yn cael eu cynnal. Does gan ohebwyr ddim hawl i adrodd ar bethau felly. Ond roedd 'na ddigon i'w ddweud pan ddaeth y gwaharddiad hwnnw i ben.

PERSONAU ANHYSBYS

Nid fy lle i yw beirniadu gwaith proffesiynol twrnai, yn enwedig Twrnai Cyffredinol. Ond mi ddywedodd Gareth Williams QC un peth yn ei araith agoriadol oedd yn benbleth i mi ar y pryd ac sy'n dal yn od wrth edrych yn ôl. Wrth bwysleisio mai am eu gweithredoedd yn hytrach na'u daliadau yr oedd pobl yn cael eu barnu, fe roddodd enghraifft a fyddai, medda fo, yn darlunio'r pwynt.

Byddwch yn sylwi, meddai wrth y rheithwyr, bod dau o'r diffynyddion, Dafydd Ladd a Jennifer Ann Smith, yn byw yn yr un cyfeiriad yn Cathedral Road, Caerdydd. Roedden nhw'n cyd-fyw fel gŵr a gwraig, meddai, a hwythau ddim yn briod. Mae'r hyn rydych chi'n ei feddwl am y sefyllfa honno'n amherthnasol meddai. Yr hyn sy'n bwysig ydi, meddai, a oedden nhw'n euog o'r cyhuddiadau yn eu herbyn.

Os oedd y peth yn amherthnasol pam bod angen ei ddweud? Oedd o'n meddwl y byddai rheithwyr yn 1983 yn cael eu dylanwadu gan ragfarnau Oes Fictoria? Ai trio gwylltio'r ddau ddiffynnydd yr oedd o, neu eisiau gweld eu hymateb? Os felly mi lwyddodd i raddau, achos rydw i newydd ddod ar draws nodyn a sgwennais i yn fy llyfr ar y pryd: 'Ladd yn taflu'r cyrn oedd am ei glustiau (i wrando ar y cyfieithiad Cymraeg) ac yn rhoi ei ben yn ei ddwylo.'

Pe bai rhywun yn gwneud ffilm am yr achos cynllwynio mi fyddai lle canolog i Dafydd Ladd a Jenny Smith. Y gred gyffredinol ar ddechrau'r achos oedd fod Dafydd Ladd yn aelod neu gyn-aelod o'r grŵp terfysgol Bader Meinhoff yn yr Almaen. Ond er y byddai honno'n stori dda, daeth yn amlwg pan ddarllenwyd hanes ei fywyd yn y llys mai digon tenau ac uniongyrchol oedd ei gysylltiad â'r grŵp hwnnw. Roedd cefndir a chymhellion Jenny Smith yn dipyn o ddirgelwch. Roedd hi'n 29 oed, yn gyn-nyrs, ac yn dilyn cwrs ym

Mholitechnig Cymru ym Mhontypridd. Doedd y ddau ddim wedi bod yng Nghaerdydd yn hir ond fe wnaethon nhw dipyn o argraff ar hanes byr a chythryblus Mudiad Gweriniaethol Sosialaidd Cymru.

Cafodd Dafydd Ladd ei eni yn Hamburg yn Chwefror 1950. Roedd ei fam yn Almaenes a'i dad, oedd yn y fyddin, yn Gymro o Geredigion. Fe symudodd y teulu i fyw i Aberteifi y flwyddyn y cafodd Dafydd ei eni, cyn dychwelyd i'r Almaen eto pan oedd yn chwech oed. Ar ôl derbyn addysg mewn ysgol yn yr Almaen i blant oedd â'u rhieni yn y Lluoedd Prydeinig roedd o wedi llwyddo mewn chwe phwnc Lefel O ac mewn Almaeneg Lefel A. Roedd wedi gadael yr ysgol honno yn 17 oed ar ôl gwrthod ymuno â'r Cadets yn yr ysgol, ac wedi mynd i goleg technegol yn Ealing yn Llundain i astudio arlwyo. Yn Llundain ar ddechrau'r chwedegau y dechreuodd wrthdaro gyda'r awdurdodau, mewn protestiadau yn erbyn rhyfel Vietnam ac apartheid yn Ne Affrica. Dychwelodd i'r Almaen am gyfnod, priodi Almaenes a chael mab o'r enw Llewelyn, cyn symud gyda'i deulu i fyw i Fryste lle daeth i gysylltiad â mudiad anarchaidd oedd yn galw'i hun yn Freedom Fighters for All. Roedd hyn yn 1973 pan oedd Bryste ar hanner dathlu cysylltiad hanesyddol y ddinas â Phortiwgal, tra oedd mudiadau'r Chwith yn protestio yn erbyn imperialaeth Portiwgal ym Mozambique. Cyfraniad Freedom Fighters for All i'r frwydr honno oedd gosod bom ffug yn adeilad Is-gonswl Portiwgal ym Mryste, a bom go iawn yn adeilad Conswl Portiwgal yng Nghaerdydd. Yn yr un mis bu ffrwydrad y tu allan i Glwb Swyddogion y Fyddin yn Aldershot, fel protest yn ymwneud â Gogledd Iwerddon. Cafodd Ladd saith mlynedd o garchar am ei ran yn y digwyddiadau hynny, dedfryd a gwtogwyd i bum mlynedd yn y Llys Apêl. Yng ngharchar Albany ar Ynys Wyth daeth i adnabod John Jenkins, oedd yno am ei ran yn ymgyrch fomio MAC yng Nghymru.

Ar ôl cael ei ryddhau yn 1977 aeth Ladd yn ôl i'r Almaen, er bod ei briodas erbyn hynny wedi chwalu. Roedd yn gyfnod cythryblus yn y wlad honno gyda'r Red Army Fraction, grŵp a ddaeth yn fwy adnabyddus dan yr enw Baader Meinhoff, yn cynnal ymgyrch waedlyd yn erbyn pob math o awdurdod. Cafodd dros 30 o bobl eu lladd gan eu bomiau a'u bwledi, gan gynnwys diwydianwyr, penaethiaid cwmnïau, swyddogion llywodraeth, milwyr Americanaidd ac ambell ddinesydd cyffredin. Pan gyrhaeddodd Dafydd Ladd yr Almaen roedd nifer o aelodau'r Red Army Fraction yn ymprydio mewn carcharau. Cafodd yntau ei ddiarddel o'r wlad a'i ddanfon yn ôl i Brydain oherwydd ei gysylltiadau â rhai o fudiadau'r Chwith.

Yn Llundain bu'n weithgar mewn protestiadau o blaid y carcharorion yn yr Almaen a daeth yn aelod o grŵp anarchaidd o'r enw Black Aid a sefydlwyd i'r pwrpas hwnnw. Yn 1979 roedd yn un o chwech o bobl oedd i fod i ymddangos yn y llys mewn achos a ddaeth yn enwog dan yr enw 'Persons Unknown'. Roedd y cyhuddiadau'n ymwneud yn bennaf ag achosi ffrwydradau ac â chynllwynio ar gyfer lladradau arfog. Yn yr achos traddodi mewn llys ynadon roedd pobl wedi mynd i chwerthin pan ddarllenodd yr erlynydd un o'r cyhuddiadau, sef 'trying to overthrow society'. Cafwyd mwy byth o chwerthin pan glywyd yr ymadrodd 'conspiring with persons unknown'. Dyna sut y cafodd yr achos ei enw.

Roedd un o'r chwe diffynnydd, Stewart Carr, wedi dod yn ffrind i Ladd pan oedd y ddau yng ngharchar Albany, a'r ddau wedi bod yn rhannu fflat. Fe gyfaddefodd hwnnw bob math o bethau i'r heddlu, gan gynnwys bod â rhan mewn cynllun i herwgipio aelodau o'r Teulu Brenhinol. Fe blediodd yn euog ar ddechrau'r achos. Ond fe ddiflannodd Dafydd Ladd cyn yr achos, gan gostio'n ddrud i rai oedd wedi bod yn feichiafon ar ei ran. Cafwyd pob un o'r pedwar a safodd eu prawf yn ddieuog, er gofid i'r Barnwr.

Bu Dafydd Ladd ar ffo am dair blynedd a hanner. Yn ystod y cyfnod hwnnw yr ymddangosodd yng Nghaerdydd dan yr enw Jim Llewelyn, neu weithiau Nigel Llewelyn. Roedd wedi cymryd yr enw oddi ar dystysgrif geni babi oedd wedi marw. Yn ôl ei fargyfreithiwr yng Nghaerdydd roedd wedi symud i fyw i Gymru er mwyn osgoi cael ei ddal yn Llundain, ac er mwyn bod gyda Jenny Smith. Daeth y ddau'n aelodau o Glwb Caerdydd y Mudiad Gweriniaethol ac am chwe mis bu Ladd yn dysgu Cymraeg ar gwrs Wlpan yn y Brifysgol. Cyflwynodd ei hun i'r athro, Elwyn Hughes, fel Jim Llewelyn.

Bu Elwyn Hughes yn ei ddisgrifio mewn cyfweliad radio ar ddiwedd yr achos:

'Mi ddaeth aton ni ym Medi 1981 a bu efo ni tan y Pasg yn Ebrill 1982. Cwrs dyddiol diwedd pnawn oedd o, o hanner awr wedi pedwar tan chwech. Roedd o'n ennill ei fywoliaeth fel cyfieithydd, yn cyfieithu testunau technegol o Almaeneg i Saesneg.

'Roedd o'n ddisgybl digon di-nod. Nid fo oedd y gorau yn y dosbarth, ond roedd o'n ddigon parod i weithio ac roedd o'n llawn hwyl yn y dosbarth. Mi ddwedodd ei fod o'n dysgu Cymraeg am bod ganddo fo wreiddiau Cymreig. Pan glywais i fod Dafydd Ladd wedi cael ei arestio doedd hynny'n golygu dim byd i mi, ond wedyn y dois i sylweddoli mai Dafydd Ladd oedd y Jim Llewelyn ro'n i'n ei nabod. Roedd hynny'n sioc fawr.'

Doedd y gwersi ddim yn hollol ofer: yn ystod yr ychydig ddyddiau a dreuliodd yn y doc roedd Ladd yn gwisgo cyrn am ei glustiau i ddilyn y gweithgareddau trwy'r cyfieithiad Cymraeg.

Ym Mai 1982 y galwodd yr heddlu yn fflat Dafydd Ladd a Jenny Smith yn Cathedral Road. Doedd Dafydd Ladd ddim gartre ond fe ddaethon nhw o hyd i nifer o ddefnyddiau fel chwynladdwr, gwifrau, batri a llyfr ar electroneg. Roedden nhw'n bethau y gellid bod wedi eu defnyddio ar gyfer gwneud bomiau, er i'r heddlu gydnabod nad oedden nhw'n cyfateb i'r offer a ddefnyddiwyd yn unrhyw un o'r dyfeisiadau yn yr achos.

Bythefnos yn ddiweddarach aeth Ladd at yr heddlu yn Llundain o'i wirfodd, a'r mis canlynol fe ymddangosodd yn yr Old Bailey ar gyhuddiadau'n ymwneud â'r achos Persons Unknown, ac o dorri ei fechnïaeth. Penderfynodd yr heddlu beidio dod â thystiolaeth yn ei erbyn a chafodd ei ryddhau. Ond roedd plismyn o dde Cymru'n aros amdano y tu allan i'r llys i'w arestio ynglŷn â'r ffrwydradau yng Nghymru. Ddeuddydd yn ddiweddarach roedd Ladd a'i gyfreithiwr wedi mynd â phlismyn i goedwig ar dir Castell Coch yn Nhongwynlais ger Caerdydd i ddangos 14 o danyddion wedi eu pacio mewn bocs plastig a'u claddu yn y ddaear. Roedd y math hwnnw o danyddion, oedd yn cael eu hadnabod fel Cooks Number 6, wedi eu defnyddio yn chwech o'r 13 dyfais oedd yn sail i'r achos, sef y chwech lle'r oedd WAWR wedi hawlio'r cyfrifoldeb. Roedd y tanyddion hynny wedi bod yn cael eu gwneud hyd at 1972 yn ffatri Cooks ym Mhenrhyndeudraeth i'w defnyddio mewn chwareli.

Y rheswm i Ladd arwain yr heddlu at y pecyn oedd eu bod nhw wedi cynnig taro bargen a fyddai'n cynnwys bod yn dosturiol tuag at Jenny Smith, oedd erbyn hyn yng ngharchar Pucklechurch ger Bryste. Pa mor rhamantus bynnag oedd y weithred honno nid dyna fyddai rhywun wedi ei ddisgwyl gan chwyldroadwr go iawn. Hyd heddiw mae rhyw dinc o syndod a siom ymysg rhai o aelodau eraill y Mudiad Gweriniaethol wrth gofio'r digwyddiad. 'Doedd dim rhaid iddo fod wedi mynd i banic o gwbl,' meddai Adrian Stone. 'Pa bai e heb ddangos y ffrwydron fydde gyda nhw ddim byd yn ei erbyn e. Ond eisie achub croen Jenny roedd e, ac mae'n debyg bod pobol yn gwneud pethe twp pan maen nhw mewn cariad!'

Pan alwodd plismyn yn y fflat fe ddaethon nhw o hyd i nodyn, yn llawysgrifen Jenny Smith, yn rhoi cyfarwyddiadau ynglŷn â beth i'w wneud pe baen nhw'n cael eu harestio. Ar ben y rhestr roedd 'No talking to police', ac er bod sôn iddi gael amser caled iawn yn nwylo'r plismyn, fe gadwodd at y rheol honno.

The diary of a bombing campaign . . . our map shows the 13 targets chosen for attack.

1—March 19, 1980: Porthmadog, Festiniog Railway.

2, 3—March 28, 1980: Conservative Party headquarters, Whitchurch, Cardiff, and East Flint Conservative Club, Shotton, Clwyd.

4—May 8, 1980: Fairwater Conservative Club, Cardiff.

5, 6—July 18, 1980: Home of Nicholas Edwards, Crickhowell, and County Conservative Club, Caerphilly Road, Cardiff.

7—February 2, 1981: Holiday home fire, Capel Garmon, near Bettws-y-Coed, Gwynedd.

8—October 26, 1981: Army Recruiting Centre, Pontypridd.

9—October 28, 1981: British Steel Corporation offices, Gabalfa, Cardiff.

10—January 1, 1982: Severn Trent Water Authority, Birmingham.

11, 12—January 2, 1982: National Coal Board offices, London, and IDC, Stratford-upon-Avon.

13—March 7, 1982: Welsh Office agricultural building, Gabalfa, Cardiff.

Y ffrwydradau rhwng Mawrth 1980 a Mawrth 1982 a fu'n gefndir i'r achos cynllwynio yn erbyn aelodau o'r Mudiad Gweriniaethol.

Bombs

Dear Rebecca

700 years after loss of welsh independence and sovereignty and our objection to english rule, Y WAWR has stepped up its campaign for a free socialist wales.

we have the following demands:

1. that all the natural resources of wales e.g. coal and water, be run by elected welsh bodies, with re-investment beneficial to the welsh people.

2. that all housing property be distributed in accordance with the needs of the welsh people, to counter de-population especially in area where this endangers our language.

3. that there be intense capital investment in wales, especially from those who make money out of wales, to form a permanent basis of employment. so that the deliberately created weapon of unemployment would no longer make welsh workers and youth dependent on tourism, slave labour schemes (such as yops) or the english armed forces for their livelihood.

we urge all overt and covert political groups to support these demands. some have condemned our methods, but what has english 'democracy' and peaceful protest gained for wales? — remember the steel and pit closures, tryweryn and the democracy of the dear nick letter.

our verification —

a codeword was given with each telephone warning of the 3rd, 4th and 5th attacks. this shall be continued. all other claims are false.

in birmingham the bomb within a box

in stratford the timing mechanism was in a chess box

in london the timing device was a boys wristwatch

Y WAWR

(workers army of the welsh republic)

ECCA — April 1982 — 19

● Special branch officers watch Robert Griffiths's house from a parked car.

Republican watched by special branch

THE NATIONAL SECRETARY of the Welsh Socialist Republican Movement, Robert Griffiths, and his family were subjected to constant police surveillance for six days at the end of May. The police watched his house from a car parked a few yards down the road, and trailed after him and his family wherever they went, even to the shops.

The police were so blatant that one neighbour said 'the intention cannot be to gain covert intelligence, but must be either intimidation or harassment or an attempt to make them appear as 'criminals' in the eyes of their neighbours.'

Griffiths was never questioned or directly approached by the police. Nor has he been charged with any offence. Dafydd Elis Thomas, MP for Meirionnydd, complained to the Home Secretary about such 'gross and ostentatious surveillance'. He accused the police of 'personal and political intimidation'.

On May 24 Griffiths invited several journalists round to see the Special Branch outside his house. On the 25th, the by now familiar car was nowhere to be seen, and it has not returned.

Others questioned by police have been asked to make statements incriminating Griffiths and on June 17 he received an anonymous and threatening telephone call.

Griffiths's harassment followed intensive police activity in and around Cardiff. In raids jointly organised by four forces — South Wales, City of London, West Midlands and Warwickshire — activists have once again been rounded up and questioned, and six people have been charged.

After charging five — Adrian Stone, Nick Hodges, Gareth Westacott, Dave Burns and Jenny Smith — the police said they were looking for one man in particular. Then on July 7, after a brief appearance at the Old Bailey where charges of jumping bail were dropped, Dafydd Ladd, 32, of Cardiff, was arrested by officers of the Anti-Terrorist Squad and then handed over to South Wales detectives.

Ladd was brought to Rumney police station in Cardiff and charged with possessing explosives. On Monday June 14 all six appeared in court together for the first time. One of the six, Jenny Smith, was granted bail, the others are still being held on remand. ■

8 — July 1982 — REBECCA

Datganiad gan WAWR yn y cylchgrawn *Rebecca*, Ebrill 1982.

Adroddaid ar yr heddlu cudd yn *Rebecca*, Mehefin 1982.

Rali Mudiad Sosialwyr Gweriniaethol Cymru yng Nghaerdydd, Mai 1982, yn cefnogi'r streicwyr newyn yng ngharchar y Maze, gogledd Iwerddon. Chwalwyd y dyrfa gan yr heddlu ac yn y llun isod gwelir Robert Griffiths a Nicholas Hodges (cefn i'r camera) yn ceisio dal pen rheswm gyda rhai ohonynt.

INDICTMENT

No. 83Q21/218

The Crown Court at CARDIFF

THE QUEEN - v - JENNIFER ANN SMITH, ADRIAN CLIFFORD STONE, GARETH KEVIN GWYN WESTACOTT, NICHOLAS PETER HODGES, DAVID FREDERICK BURNS, ROBERT DAVID GRIFFITHS, BRIAN MOSTYN REES and D/FYDD LADD

JENNIFER ANN SMITH, ADRIAN CLIFFORD STONE, GARETH KEVIN GWYN WESTACOTT, NICHOLAS PETER HODGES, DAVID FREDERICK BURNS, ROBERT DAVID GRIFFITHS, BRIAN MOSTYN REES and DAFYDD LADD)

are   charged as follows:-

Count 1   STATEMENT OF OFFENCE

Conspiracy to commit Criminal Damage, contrary to Section 1(1) of the Criminal Law Act, 1977.

PARTICULARS OF OFFENCE

JENNIFER ANN SMITH, ADRIAN CLIFFORD STONE, GARETH KEVIN GWYN WESTACOTT, NICHOLAS PETER HODGES, DAVID FREDERICK BURNS, ROBERT DAVID GRIFFITHS, BRIAN MOSTYN REES and DAFYDD LADD on divers days, between the 1st day of March 1980 and the 25th day of June 1982 conspired together and with other persons unknown to destroy or damage property without lawful excuse.

Count 2   STATEMENT OF OFFENCE

Possessing explosives, contrary to Section 4 of the Explosives Substances Act, 1883.

PARTICULARS OF OFFENCE

JENNIFER ANN SMITH on the 12th day of May 1982, knowingly had in her possession or under her control, certain explosive substances, namely sodium chloride, electronic wire, circuit board, circuit tester, electrical circuit diagrams and a battery, in such circumstances as to give rise to a reasonable suspicion that it was not in her possession or under her control for a lawful object. NG

Y cyhuddiad o gynllwynio yn erbyn y diffynyddion

52

Gareth Williams, QC, bargyfreithiwr dros yr erlynydd a ddaeth wedyn yn Arglwydd Mostyn, y Twrnai Cyffredinol ac arweinydd Tŷ'r Arglwyddi. (Llun: Martin W. Roberts)

Ditectif Arolygydd Arthur Rickerby o heddlu'r West Midlands – un o'r swyddogion o'r heddluoedd o'r tu allan i dde Cymru oedd yn ymwneud â'r achos. (Llun: Martin W. Roberts)

Ditectif Prif Arolygydd Donald Carsley, Pennaeth CID De Cymru (ar y chwith), a'i ddirprwy, Uwcharolygydd Ray Hill – y swyddogion o'r heddlu oedd yn gyfrifol am yr achos. (Llun: Martin W. Roberts)

ACHOS Y GWERINIAETHWYR

Y mae pump o ddynion ifanc eisoes wedi treulio chwe mis yng ngharchar Caerdydd. Fe fyddant yno dros y Nadolig ac am fisoedd lawer wedi hynny cyn dod â'u hachos i brawf. Trwy gydol eu carchariad y maent wedi dioddef anghyfiawnder yn y carchar ac yn y llys, eto ychydig iawn o'u cyd-Gymry a gododd lais mewn protest.

Cyhuddir y pump - Nicholas Hodges, Gareth Westacott, David Burns, Dafydd Ladd a Brian Rees, ynghyd â Jenny Smith, Adrian Stone a Robert Griffiths, sydd ar hyn o bryd ar fechniaeth, o wahanol droseddau o dan y Ddeddf Defnyddiau Ffrwydrol ac o gynllwynio i ddinistrio neu niweidio eiddo. Yn ogystal, cyhuddir Dafydd Ladd o sicrhau tystysgrif geni a phasport ffug; cyhuddir Robert Griffiths o lesteirio restiad Dafydd Ladd; cyhuddir John Jenkins hefyd o lesteirio restiad Dafydd Ladd.

Pan gawsant eu harestio, ni chaniatawyd iddynt weld cyfreithwyr a dygwyd cyhuddiadau yn eu herbyn ar ôl cyfnod hir o holi mewn neilltuaeth yng ngorsaf yr heddlu.

- Y mae'r 'dystiolaeth' a roddir yn eu herbyn yn pwyso'n drwm ar air yr heddlu
- Defnyddiwyd y cyhuddiad gwleidyddol o 'gynllwynio'
- Gwelwyd rhagfarn amlwg yn eu herbyn yn ystod yr Achos Traddodi
- Anwybyddwyd rheolau'r Ddeddf Fechniaeth
- Torrwyd rheolau'r Deddfau Carchar
- Ymdriniwyd â hwy fel pobl euog

NI SYDD YN CANIATAU I'R AWDURDODAU WEITHREDU'R FATH ANGHYFIAWNDERAU SIFIL A DYNOL. NI SYDD YN CANIATAU'R FATH ERLID GWLEIDYDDOL.

Y mae'r cyhuddiadau y mae'r bechgyn yn wynebu yn dwyn dedfryd drom iawn. Yn y cyfamser, fe'u cedwir dan amodau annynol yng ngharchar Caerdydd. Nid oes nemor ddim cyfleusterau ar eu cyfer a threuliant dros 20 awr bob dydd yn y gell.

Y MAE ANGEN EICH CEFNOGAETH

Gweithredwch drwy: ddanfon cardiau at y bechgyn yn HM Prison, Heol Knox, Caerdydd; drwy ddwyn anghyfiawnderau'r achos i sylw eich aelod seneddol; drwy gefnogi ymgyrchoedd Pwyllgor Amddiffyn y Carcharorion a chyfrannu at y gronfa.

Y cyfeiriad yw: PACGC, D.G. Myfyrwyr Hŷn, Undeb y Myfyrwyr, Heol y Parc, Caerdydd. Sieciau yn daladwy i PACGC.

Taflen a gyhoeddwyd gan Bwyllgor Amddiffyn Carcharorion Gwleidyddol Cymru yn dwyn sylw at y driniaeth a dderbyniodd y diffynyddion ac yn apelio am gefnogaeth.

Cyfarfod protest ar risiau Llys y Goron yng Nghaerdydd i gefnogi'r diffynyddion ar ddechrau ail wythnos yr achos. (Llun: Martin W. Roberts)

Dave Burns, un o'r diffynyddion y tu allan i'r llys.
(Llun: Martin W. Roberts)

Brian Rees – di-euog o gynllwyn
ond euog o guddio ffrwydron.

Adrian Stone – di-euog

Dafydd Ladd – naw mlynedd
am gladdu ffrwydron.

Nicholas Hodges – di-euog

(Lluniau: Martin W. Roberts)

● Nicholas Hodges with girlfriend Andie Proctor after being cleared.

● Smiling after their release from custody yesterday after being found not guilty are (from left) David Burns, Robert Griffiths and Adrian Stone.

Bombs trial: five cleared of conspiracy

16/11/83

By CHRISTOPHER BELL

ALL FIVE defendants were cleared of conspiracy in the Cardiff explosives and conspiracy case yesterday.

Four of the defendants were also cleared of all explosive charges but the fifth was found guilty of possessing explosives.

Adrian Clifford Stone, aged 23, David Frederick Burns, aged 25, Robert David Griffiths, aged 31, and Nicholas Peter Hodges, aged 23, were all cleared of conspiring to damage or destroy property.

Griffiths, of Lochaber Street, Roath, Cardiff, was also found not guilty of two other charges. The first was acting with intent to cause an explosion likely to endanger life or cause serious injury to property, the second with assisting Dafydd Ladd to avoid arrest.

Ladd, aged 33, of Loftus Street, Canton, Cardiff, was sentenced to nine years gaol on Monday for possessing explosives.

Last night Nicholas Hodges, of Dogo Street, Pontcanna, Cardiff, was also cleared of acting with intent to cause an explosion.

Brian Mostyn Rees, aged 30, of Albacore Crescent, Lewisham, London, was found guilty of possessing explosives with intent to endanger life or cause serious injury to property. But he too was cleared of the conspiracy charge.

He will be sentenced today on the guilty verdict.

Adrian Stone, of Heol Graigwen, Caerphilly, had already been cleared of possessing explosives and David Burns, of Pen-y-Peel Road, Canton, Cardiff, was cleared of acting with intent to cause an explosion.

The jury, which had been out for two days, sat on until late last night, trying to reach a verdict rather than staying in an hotel for a second night.

The four cleared defendants were jubilant.

But they said they would be taking advice on the possibility of legal action against the police over the length of time they had been kept in custody.

Mr Burns was held for six months, Mr Stone for six months, Mr Hodges for 10 months and Mr Griffiths for two separate weeks, before the trial.

During the trial it was alleged by the prosecution that each of the defendants had been involved with a terrorist group called The Workers' Army of the Welsh Republic, which had claimed responsibility for several incidents concerning explosives in Wales. Mr Hodges, it was alleged, had been involved in an incident at British Steel Corporation, Gabalfa, Cardiff, and Mr Burns and Mr Griffiths with a device at the Army Recruitment Office in Pontypridd.

Police claimed they had admissions from all four men of involvement or that they were members of WAWR.

The defendants maintained throughout the trial that evidence had been fabricated, and that statements and confessions had been made up.

Mr Burns told the court he had refused to answer any police questions about politics.

Yesterday as they were released from the dock after 10 weeks of the trial, the four said they were happy at the outcome.

They said the case had been brought because of their political motives and not because they had been involved with a bombing campaign.

Mr Stone said the case had been brought by certain people for political reasons.

"This has got to be a slap in the face for these people," he said.

He said the jury had been told it was not a political trial.

"But the prosecution did try to use our beliefs to prejudice the jury against us. But fortunately it did not succeed in this case," he said.

Mr Burns said he was happy at the outcome of his case, but upset at what he called the savage sentences on Dafydd Ladd and John Jenkins.

The case, he said, was based on lies, and planted evidence.

"I feel members of the WSRM were made scapegoats. The police had no evidence before they arrested anyone," said Mr Burns.

He said the trial showed there was no safeguard against the type of evidence they had faced — alleged verbal admissions to the police.

Mr Griffiths, asked if he was saying evidence against him had been fabricated, replied, "I am not just saying it, it has been proved."

"Something like 15 to 20 police officers stood up in court and told a pack of lies," he said.

But, he said, despite the danger of arrest he and other political activists faced, he would "still be a Socialist and a Republican."

Mr Hodges after he stepped down from the dock said last night, "I had been vindicated after 10 months of custody. It's as simple as that. I thank the jury for their faith and courage."

After the last verdict had been announced the judge, Mr Justice Farquharson, thanked the seven men and five women on the jury for the devotion to their oaths and for their great contribution to the cause of justice in the case.

He discharged them from jury service for 20 years.

LONG TRAIL — PAGE 10

Y rhyddhad

Cymro 22.11.'85

Deg wythnos ddramatig mewn llys barn

Argraffiadau gohebydd Radio Cymru, Ioan Roberts, o'r achos ffrwydron yng Nghaerdydd a ddaeth i ben yr wythnos diwethaf.

'This', meddai Dirprwy Arolygwr mewn llais cryg gyda mymryn o atal dweud "is a complete and utter fabrication".

Wrth i'r cof ddechreu didoli'r hyn a welwyd ac a glywyd yn ystod y deg wythnos, fe ddaw y frawddeg yna fwyfwy i'r brig. Fe'i haddroddwyd dro ar ôl tro gyda'r un syndod ac arswydoeddid wrth i dystiolaeth y blaiddu gael ei amau. I'r rheithwyr y mae'n amlwg fod iddi fwy nag un ochonglaad.

Ar wahan i'r ffrwydron a gafwyd yn meddiant Dafydd Ladd a Brian Rees, roedd tystiolaeth fforensig yn eithriadol o brin. Gorau i dasru oedd hi wedyn, a dyna pam ei bod hi'n gystal drama gyda chymeriadau mor amrywiol, doedd rhywun byth yn diflasu.

CLORIAN

"Rwyt ti'n mwynhau'r achos", meddai sawl ffrind wrthyf, gyda ymddiheuriad i bawb y bu'r cyfan yn hunllef iddynt, a doedd pob un o'r rheini ddim yn un o'r rhai â fu mi bledio'n euog.

Roedd gogwyddiadau'r glorian yn ystod y deg wythnos yn dilyn patrwm digon cyson. Darfun a llwyddaint gan y cyhuddedig gan y rheithgor. Hwnnw'n dechrau cracio wrth i dyston yr erlyniad gael eu croesholi. Yr amddiffyniad yn cyfleu darlun hollol wahanol. Hwnnw eto'n simsanu wrth i'r erlyniad ei ailuwu yn y Ffrindiau erlynydd. Y ddwy ochr yn crynhoi ar y diwedd, ac yn olaf Barnwr yn dilyn.

Dau gyhuddiad i'r rheithwyr glorianu, a datganwyd y brawychus wrth nu, a ffrindiau Paled 82 oed, llawn diniweid oedd yn harwain ddewud yn dawel 'Guilty' neu 'Not Guilty'.

Tair llythyren yn gwneud gwahaniaeth rhwng dod allan yn orfoleddus wynebu ffrindiau a pherthnasau, gohebwyr a chamerau, neu i ddiflannu'n swta rhwng dau swyddog carchar am dair blynedd.

Roedd yna gyffrodau o densiwn enbyd. Mam Nicholas Hodges, gwraig eiddil, nerfus yn llewygu wrth gael ei chroesholi. Adrian Stone, y mwyaf ynfrAnglophobe o'r diffynyddion yn colli ei dymer wrth gael ei groesholi a galw Nicholas Hodges yn gelwyddgi. Y ddau yn eu tro yn methu ag gnatal eu llygaid ar drawr yr erlynaid Gareth Williams wrth iddo droi eu geiriau i'w herbyn. Y Barnwr, Y Barnwr yn atgoffa'r rheithwyr fod y diffynyddion wedi bod dan straen ddirfol.

DIREIDI

Ond roedd yna funudau hefyd oedd yn gwneud i hyd yn oed Ustus Farquharson dymheru'r ffenri eiddil fyd arose yn y cof.

Fydd hi ddim yn hawdd anghofio'r Tad Lawrence Bevenot, offeriad Pabyddol 82 oed, llawn diniweid oedd yn harwain ddewud yn dawel 'Guilty' neu 'Not Guilty'.

Fe galiod fod geryld gan y Barnwr am ateb cwestiwn mewn brawddeg yn hytrach na gair. Pan ofynwyd y cwestiwn nesaf petruaodd cyn troi at y Barnwr a gofyn 'Am I allowed to say "Brutus"?'

Mewn achos yn ymwneud a chenedlaetholdeb roedd yn anodd dygymod â'r ffaith fod yr erlynydd Gareth Williams yn Gymro Cymraeg ta roedd y rhan fwyaf o fargyfreithwyr yr amddiffyniad yn methu yngan gair y cyfogwyd gwŷr o Lundain, arbenigwyr ar achosion gyda chysylltiadau gwleidyddol.

DEIFIOL

Y mwyaf dramatig a ffraeth ohonynt oedd Michael Mansfield wrth amddiffyn David Burns. Un o'i gyfraniadau oedd ceisio cadarnhau ymateb Nicholas Hodges i ryw syniad neu safbwynt drwy haf o Gapel Garmon ymhlith y dygwyddiadau oedd yn sail i'r erlyniad.

Yn ei araith olaf fe ymosododd yn chwyrnol ar eirwiriadau Nicholas Hodges. "Ladies and gentlemen, meddai, petai'r gohebydd wedi dwued There we are ladies and gentlemen wearing our own blindfolds provided by the BBC...

Yn y llys y gwnaed y cyfadefiad hwnnw.

Roedd rhagien 'Nationwide' yn rhan bwysig o'r dystiolaeth yn erbyn David Burns a Robert Griffiths ac fe ymddangosai fod holi gyda y Barnwr.

Gan Patrick O'Connor, bargyfreithwr Robert Griffiths y clywyd yr ymosodiad mwyaf deifiol ar y heddlu. Roedd ffugio tystiolaeth yn erbyn diffynyddion yn bechod marwol. "Is at the end the hills if the officer will pardon the expression." Yr Uwch Arolygydd Raymond Hill oedd yn gofalu am yr ymchwiliad o ddydd i ddydd.

Roedd yr achos yn wahanol iawn i achosion cyllferwbio Cymdeithas yr laith yn y saithdegau. Yno y diffynyddion oedd yn mynnu siarad gwleidyddiaeth a chanu am ganlyniadau'r erlyniad. Yma y gwthidinder yn datgan i'r rheithgor nad oedd eu lle yn y Gelfydd nid wasanar tro ben roedd y cyhudd.ndan'n fwy diriol a'r erlyniad oedd yn aón fwyaf am ddalliadau pobl.

Fe aed drwy'r rhestr o noddion Mudiadau Amddiffyn Cymru gyda chrib man gan ddyn barn y diffynyddion an y polisiau. Fe wthiwyd y ddau gystal, Adrian Stone a Nicholas Hodges o gymdeithdeo i safbwyntiau mwy eithafol yn ystod y croesholi.

Dywedodd David Burns o'r cychwyn ei fod yn cefnogi llougi tai haf a chwech o'r bomiau allan o'r tair ar ddag ond nad oedd yn cyfiilleidig â bomiau na thanau a'i hunan.

Pan bwyswyd ar Robert Griffiths i ateb 'Ydw' neu 'Nag ydw' i gwestiwn am Ogledd Iwerddon, fe ateboddd na allai gyhnoi mewn un gair y hyn ir at fwydr oedd wedi parhau am saith gan mlynedd.

CYWIR?

Gwaith anoddaf y rheithwyr fodd bynnag oedd clorianu taeru diddiwedd am gywirdeddau yn adysgrifeydd yr heddlu. Oedd rhai ohonyn wedi digwydd neu beidio? Oedd David Burns wedi cael ei fygwth a'i dano?

Ai plismon a roddodd ddarn o gerningyn mewn goblet yn ystafell wely Adrian Stone? Oedd Nicholas Hodges wedi cael gwthio'r effro drwy'r nos at, yn wedi gwrgud datganiod yn cyfaddef ar gam?

Oedd nofiadau Robert Griffiths ar bapur chrwiiog gun a darn o bapur newydd yn gelud cywir o gyfweliad ffug a gynhaliwyd yn y dalafa?

Un cyngor a roddodd y Barnwr i'r rheithwyr oedd ymestyrid pa mor debygol oedd hi i un neu ragor o'r plismyn, Nicholas Hodges, y byddai plismyn o bedair arddal ac o bob sate yn cydwetho â'i gilydd er mwyn dwed celwyddau.

Am naw o'r gloch Nos Fawrth fe wnaId yr ysgrifennodd y penteulu y mai y 12, a saith dyn a phum merch, rheithgor hynod o ifanc a bywiog yn y Llys am y tro olaf. Fe gyhoeddodd y ferch benfelen fod Nicholas Hodges fel y tri anill o'i fluen yn ddi-euog ar bob cyhuddiad.

Adroddiad yr awdur yn *Y Cymro* ar ddiwedd yr achos

Yr heddlu dan feirniadaeth

3/11/83

Hon yw'r nawfed wythnos — ac o bosibl yr olaf — yn yr achos ffrwydron yn llys y goron Caerdydd. Gyda'r amddiffynnwyr wrthi'n crynhoi bydd y rheithgor yn dechrau ystyried eu dedfryd ddiwedd yr wythnos.

Cafodd yr heddlu eu beirniadu'n llym gan rai o'r bargyfreithwyr sy'n amddiffyn. Fe'u cyhuddwyd gan Mr Michael Mansfield sy'n cynrychioli David Burns o gynnwys un tŷ haf yn eu rhestr cyhuddiadau yn groes i farn arbenigwyr fforensig er mwyn cyplusu'r cynllwyn honedig gyda'r ymgyrch losgi tai haf.

Tŷ haf

Yr unig dŷ haf yn y rhestr o 13 o ddigwyddiadau yw bwthyn o'r enw 'Pen Top' yng Nghapel Garmon, ger Llanrwst. Yn ôl Mr Mansfield roedd tystiolaeth fod y tân hwnnw yn perthyn i gyfres o dannau yr oedd

O'r achos cynllwynio yng Nghaerdydd

mudiad o'r enw Meibion Glyndŵr wedi hawlio cyfrifoldeb amdanynt. Roedd arbenigwr fforensig wedi dweud wrth y llys na fyddai ef wedi cynnwys hwnnw yn y rhestr digwyddiadau. Yr heddlu oedd wedi rhoi'r rhestr iddo meddai.

Roedd yr heddlu eisiau cynnwys un tŷ haf yn ôl Mr Mansfield er mwyn cyfiawnhau defnyddio eitem am losgi tai haf ar y rhaglen deledu Nationwide fel rhan o'r dystiolaeth. Fe ymddangosodd dau ddiffynnydd David Burns a Robert Griffiths yn yr eitem honno.

Dan bwysau

Fe feirniadwyd yr heddlu hefyd gan Mr Roderick Price wrth gloi ei dystiolaeth ar ran Nicholas Hodges. Roedd tîm o blismyn wedi bod yn gweithio am gyfnod hir yn ceisio

datrys y bomiau yn Ne Cymru meddai. Roedden nhw dan bwysau enbyd i gael rhyw ganlyniad cadarnhaol. Oherwydd hynny, meddai, roedden nhw wedi rhoi pwysau mawr ar Hodges ac wedi gwneud cyfaddefiad ffug ar ei ran.

Yn gynharach wrth gloi achos yr erlyniad fe ddywedodd Mr Gareth Williams Q.C. fod y grŵp a fyn'n gosod bomiau yng Nghymru wedi bwriadu ail-gychwyn eu hymgyrch ar ôl i bobl gael eu harestio y llynedd. Dyna pam fod y diffynnydd Brian Rees wedi cael a ffrwydron o Lundain i'w gladdu mewn coedwig ger Penybont ar Ogwr meddai. Gallai fod wedi cael gwared o'r defnyddiau yn Llundain. Yn lle hynny roedd wedi eu pacio mewn bocs plastig i'w cadw rhag mynd yn damp, er mwyn i rywun eu defnyddio i wneud bomiau.

Mae pump dyn wedi pledio'n ddi-euog i gyhuddiadau o gynllwynio a bod a ffrwydron yn eu meddiant.

Y CYMRO

Gwasg Caxton, Croesoswallt
(ffôn Oswestry 655321)

Roedd yr achos bomiau yn Llys y Goron Caerdydd yn arwydd o gryfder a gwendid ein trefn gyfreithiol. Ei chryfder yw fod rheithwyr yn ddigon dewr ac annibynnol i wrthod credu heddlu bob tro y bydd eu stori hwy'n wahanol i stori diffynnydd.

Mae'r gwendidau yn rhestr faith. Yr anghyfiawnder mwyaf oedd y misoedd a dreuliodd y diffynyddion yng ngharchar heb fechniaeth. Nid yw'r ffaith i reithwyr gael pedwar yn ddi-euog yn golygu ynddo'i hun nad oedd rheswm dros eu drwgdybio yn y lle cyntaf.

O ystyried y prinder tystiolaeth, fodd bynnag, does dim dwywaith nad erledigaeth wleidyddol oedd cadw'r rhain yn y ddalfa. Gorau po gyntaf y gorfodir y llysoedd i ryddhau diffynnydd neu gychwyn achos yn ei erbyn ar ôl cyfnod penodol.

Bydd yn rhaid pwyso hefyd am i gyfweliadau yn y ddalfa gael eu recordio, gan ddyfeisio trefn i sicrhau nad yw'r tapiau'n cael eu golygu na'u hail-wampio.

Byddai hynny wedi arbed miloedd o bunnau yn yr achos hwn gan mai dadlau ynglŷn â phwy oedd yn dweud y gwir a lanwodd y rhan fwyaf o'r deng wythnos.

Go brin y byddai rhai o'r diffynyddion wedi bod yn agos i lys barn dan y drefn honno.

Mae'n anodd rhoi llawer o ffydd mewn ymchwiliad gan blismon i gwynion am blismyn. Ond fe ymataliwn rhag beirniadu ymlaen llaw. Hyderwn fodd bynnag y bydd pob diffynnydd a ryddhawyd yn cael iawndal buan a sylweddol am yr uffern y bu drwyddi ar gam.

Adroddiad a golygyddol *Y Cymro* ar derfyn yr achos

59

LETTERS TO THE EDITOR

Legal systems' shortcomings

SIR, — On November 15, at Cardiff Crown Court, the four of us were found "Not Guilty" on every one of nine charges relating to conspiracy and explosions.

These serious charges had been hanging over us for more than 16 months, including a 10-week long trial, the biggest and most expensive court case in Welsh legal history. Throughout this time, on many hundreds of occasions, our names were published and broadcast as the alleged perpertrators of a bombing campaign.

This defamation will, despite the verdict of the jury, blight our names for many years to come. May we make the following points about our legal system:

1. **Remand:** Three of us spent between six months and nine months in prison on remand awaiting trial. One defendant was kept in prison for six months on a charge that was subsequently dropped. During our period of prison custody, two of us lost our jobs. Yet in Britain, unlike other EEC States, we are not automatically entitled to compensation.

In Scotland, the state prosecutor must bring a case to trial within 110 days of arrest and charge, under the English legal system, the state could take more than 400 days to prepare for our show trial.

2. **Evidence:** The central and essential evidence against three of us was that we had supposedly 'confessed" our part in terrorist activities to police officers in the police station — by word of mouth only, having written and signed nothing. We have always denied making such incriminating remarks.

This use of "verbals" — unsigned, unsubstantiated police accounts of alleged interviews — has been condemned by every professional legal body for decades. As in some American states and European countries, "verbals" should not be admissible as evidence in the court — unless they can be confirmed by a tape-recording of the interview, or the presence there of a suspect's solicitor.

3. **Searches:** A major element in the evidence against one defen-

a chemical at his house. The defendant has always claimed that this substance was "planted" in his house by the [...]

Police se[...] cases should t[...] sence of a so[...] system, under[...] have scattere[...] around like [...] reformed.

4. **Police custo[...]** must be safeg[...] police custody[...] to a solicitor, a[...] example [...] members to in[...] unannounced [...]

5. **Conspiracy:** [...] are a substitut[...] criminal activi[...] prosecution to[...] of prejudicial [...]

6. **Trial by jur[...]** in Northern Ir[...] undoubtedly [...] mean considering legal action against the police. As it was, we h[...] trial by jury o[...] independent-m[...]

But there[...] abolish trial [...] some cases [...] during our tri[...] the Appeal [...] speech in Ca[...] upon the alle[...] dequacies" and even injustices of the jury system.

7. **An inquiry:** Following the verdicts in our case, an internal policy inquiry is taking place into our allegations against the police. Truth and justice would be better served by a more independent inquiry, such as one established by the Home Office or the Welsh Council for Civil and Political Liberties.

The British state has become more openly oppressive in its treatment of political dissidents in recent years. The Police and Criminal Evidence Bill should be seen in this context.

DAVID BURNS
ROBERT GRIFFITHS
NICHOLAS HODGES
ADRIAN STONE

Pen-y-Peel Rd,
Canton, Cardiff

Prison 'a nightmare'

Jailed man may take action against police

by Colin Macfarlane

SPENDING a month in prison without trial has undoubtedly made him consider legal action against the police.

Dafydd John Burns, 43, of Telva Road, claims police burst into his house last July and accused him of being involved in the Gellideg "bomb plot".

A year before, an incendiary device had been found outside the town's Army Careers Office some days before the Prince and Princess of Wales were due to arrive.

Police quickly rounded up suspected Welsh nationalist extremists but merely questioned Mr. Burns about his activities that week.

Mr. Burns claims he heard nothing from them again until one year later when they arrested him at his house and took him to the police station.

There, he was charged with conspiring to cause an explosion at Gellivawsod Road. He was then transferred to Cardiff Prison, where he spent a month he describes as "a nightmare".

Police fixed bail at £10,000 and friends rallied round and raised the money. Not long after being released, Mr. Burns said the police told him that the charge had been dropped.

"What annoys me is the fact that I spent a month in prison for nothing", he said.

"The first time the police came to question me they would not even tell me what it was all about. I had to

learn that from the radio."

A South Wales Police spokesman said that they had not received an official complaint. "If Mr. Burns is dissatisfied with the action taken by the police he must follow the correct procedure and make an official complaint when the matter will be investigated by a senior police officer", said the spokesman.

Mr. Burns admits to being an active member of Plaid Cymru during the 1960's and spent 13 weeks in jail on charges of conspiracy to damage or destroy property.

During that time he was released, in handcuffs, from prison to attend his mother's funeral. The charges against [...]

Bu'r penawdau'n gyhuddgar, a'r colofnau llythyrau'n llawn am wythnosau ar ôl yr achos.

Someone lied, jury told

WM 11/11/83 Western Mail Reporter

A DEFENDANT must have lied about who handed him detonators and an explosive mixture, the judge in the Cardiff explosives and conspiracy trial told the jury yesterday.

The evidence of Brian Rees, aged 30, had been subject to the most dramatic development of all during the course of the trial, said Mr Justice Farquharson on the third day of his summing up.

Rees, the court has heard, told police he had been given detonators and an explosive mixture

in London by Dafydd Ladd. Rees had come to Wales and buried them in Ogmore Forest, near Bridgend, and claimed he was never going to retrieve them.

But later, while giving evidence, he told the court it was in fact a close friend, Mr Wyndham Francis, who had given them to him.

He had met Mr Francis during the trial to ask if he would be willing to be named as the person who handed him the explosives.

The judge said Rees

appeared to have wanted his honesty and integrity vindicated. He could not be said to have succeeded.

"He must be telling lies about one or other of them, after the way he has placed responsibility for handing him the detonators on one innocent man," said the judge.

Earlier the judge discussed the evidence concerning three other defendants.

In the case of Nicholas Hodges, aged 22, it essentially rested on the truth of answers given during

The court has heard that Hodges signed a statement admitting he had been with co-defendant Adrian Stone when a bomb was planted at British Steel Corporation offices in Gabalfa, Cardiff.

The jury had to decide whether the statement was true or whether it was forced out of him, as Hodges claimed.

Turning to the case of David Burns, aged 25, the judge said it was alleged that after prolonged questioning by police he had given a number of answers indicating he was with Gareth Westacott at Pontypridd at the time a

Burns has claimed he made no such answers.

Mr Justice Farquharson said the question was not whether Burns had been brow beaten or maltreated but whether he had given the answers at all.

In the case of Robert Griffiths, aged 31, alleged to have driven Burns to Pontypridd, it had been remarked that many of his answers had been given when one police officer only had been present.

The judge said there was a widespread belief that two officers had to be present when someone

---

Bombs-trial probe by Havers

6/12/83

AN investigation into the controversial Cardiff explosives and conspiracy trial will be carried out by Attorney General Sir Michael Havers.

In the Commons yesterday, Solicitor-General Sir Patrick Mayhew agreed to the investigation call by senior Welsh MP Mr John Morris.

MP Mr Dafydd Elis Thomas as the brains behind a two-year bombing campaign.

Yesterday Mr Morris, former Welsh Secretary and now Labour's legal

sider introducing in England and Wales a 110-day limit on the length of time a defendant may be remanded in custody awaiting trial, which already applies in Scotland.

remands, announced it would consider taking up the cases of the five defendants.

One of the five, who was found not guilty on all charges, spent 10 months in custody. Another, who eventually pleaded guilty to explosives charges, was held for 17 months.

The defendants claimed they were prosecuted for

Police accused on bombs evidence

WM 8/11/83

POLICE HAD no choice but to fabricate evidence against political researcher Robert Griffiths because otherwise there would have been no case to answer, the Cardiff explosives and conspiracy trial was told yesterday.

For two-and-a-half years after his arrest, he was followed and subjected to surveillance by the police, said Mr Patrick O'Connor, for Griffiths.

He had been stopped in his car, his house had been searched and he had been arrested three times. But no material evidence had been found to link him with an explosive device planted at the Army Recruiting Office in Pontypridd in October 1981, Mr O'Connor said at Cardiff Crown Court.

All the prosecution had was an alleged confession concerning the incident, made 30 hours after Griffiths's arrest, he added. Griffiths is alleged to have driven co-defendant David Burns to Pontypridd, where a device was planted.

one human hair could be as valuable as a fingerprint. "There is not one iota of such evidence against Mr Griffiths," he said.

So police produced a confession, which was always suspect, he added.

When police officers were questioned about it in court, they were armour-plated. They could stick to their notebooks and if asked a dodgy question about an interview, could claim they were unable to remember.

This had occurred during the trial. It seemed that police officers who would not touch those sort of tactics with a bargepole got sifted out and never reached the higher echelons of the South Wales serious crime squad at Rumney Police Station, said Mr O'Connor.

Griffiths had to be charged with something because it was the third time he had been arrested. Twice previously he had been released.

"Arresting a member of the public and releasing

61

'Probe trial police' plea

By CLIVE BETTS, Welsh Affairs Correspondent

18/11/83

HOME Secretary Leon Brittan will be asked to hold a public inquiry into policing methods undertaken for the 10-week explosives and conspiracy trial which ended in Cardiff this week.

He is also being urged to introduce tape recorders into police stations for interviews of suspects. "They would have dramatically affected the time involved in court and the task of the jury," said the Welsh Campaign for Civil and Political Liberties.

The approach to Mr Brittan follows the case in which five defendants were cleared or discharged. Two were gaoled — plus one in an associated trial — while one failed to answer bail.

The case has caused considerable concern in nationalist circles. Plaid

Cymru's annual conference, at Treorchy last month was faced with a demand — which was withdrawn after legal advice — that the party support the defendants.

The conference did, however, condemn both the use of conspiracy charges and "wholesale arrests." Concern has grown in nationalist circles over allegations that the police had tried to implicate the party's MP for Meirionnydd Nant Conwy, Mr Dafydd Elis Thomas.

Mr Phil Thomas, a law lecturer and a spokesman for the civil liberties campaign, said yesterday, "South Wales Police have launched an internal investigation to be conducted by the Assistant Chief Constable of Merseyside Police.

"This procedure is no more adequate than the police complaints procedure."

It has been unofficially estimated that the trial cost £500,000. All conspiracy charges were dismissed by the jury.

Police chief will probe bomb-trial allegations

By CHRISTOPHER BELL

A TOP POLICE officer was yesterday appointed to investigate the [...] action.

Mr Thomas, MP for Meirionnydd Nant Conwy, said he is to put questions in the Commons concerning the trial. He will ask:
- How much police operations during up to the trial cost.
- The cost to public funds of the 10 week trial, and
- For a local inquiry into the methods used by the South Wales Police, with the person in charge independently appointed and approved by the Home Office.

Denial

Mr Thomas said the questions were designed to highlight one of the problems in the trial, namely that the case seemed to hinge on the use of verbals—that is admissions allegedly made to police by suspects.

The problems could be avoided if the interviews were video recorded or tape recorded, he said.

It was alleged during the trial that one of the defendants, Nicholas Hodges, 22, had been offered "all sorts of deals" by police if he would implicate Mr Thomas in the bombing campaign.

Mr Hodges also told the court he had been kept awake for an entire night and repeatedly questioned by police.

The police claimed Mr Adrian Stone, 23, admitted to being a member of the Workers Army of the Welsh Republic, a group which claimed responsibility for several bomb incidents. Mr Stone denied this throughout the trial. He also claimed a small amount of explosive chemical found in his bedroom was planted.

Mr David Burns, 25, said because he was being questioned about it in court, they were amazed about it.

And Mr Robert Griffiths, 31, said police had offered to forget about a fabricated interview if they got an admission he was involved in a bombing incident.

Plaid Cymru's general secretary Mr Dafydd Williams said yesterday the party has called on Home Secretary Mr Leon Brittan for a judicial inquiry into the conduct of the trial.

A spokesman for the National Campaign for Civil Liberties said they were campaigning for a limit to the time a person could be held in custody before a trial, and would consider taking up the cases of the trial defendants.

For the Welsh Council for Civil and Political Liberties a spokesman said they were dissatisfied with the inquiry announced into the police methods since it amounted to a police investigation of themselves.

The long periods spent in pre-trial custody by defendants in the case was investigated.

The long periods spent in pre-trial custody by defendants in the case was raised in the Commons yesterday in support of a move to limit remands in custody, writes David Hughes.

Comment—Page 8

Police accused on bombs evidence

8/11/83

POLICE HAD no choice but to fabricate evidence against political researcher Robert Griffiths because otherwise there wouldn't have been the case to answer, the Cardiff explosives and conspiracy trial was told yesterday.

For two-and-a-half years before his arrest, he was followed and subjected to surveillance by the police, said Mr Patrick O'Connor, for Griffiths.

He had been stopped in his car, his house had been searched and he had been arrested three times. But no material evidence had been found to link him with an explosive device planted at the Army Recruitment office in Pontypridd in October 1981, Mr O'Connor said in Cardiff Crown Court.

All the prosecution had was an alleged confession concerning the incident, made 30 hours after Griffiths's arrest, he added. Griffiths is alleged to have driven co-defendant David Burns to Pontypridd where a device was planted.

Mr O'Connor said there was no evidence to support the allegation. A single fibre from a pullover or [...]

[...] no human hair could be as valuable as a fingerprint. "There is not one iota of such evidence against Mr Griffiths," he said.

No police produced a confession, which was always suspect, he added.

When police officers were questioned about it in court, they were amazed about it. They could stick in their notebooks and it called a dodgy question about an interview, could claim they were unable to remember.

This had occurred during the trial. It seemed that police officers who would not touch those sort of tactics with a bargepole got offered and offered and reached the higher echelons of the South Wales versus crime squad at Romsey Police Station, said Mr O'Connor.

Griffiths had to be charged with something because it was the third time he had been arrested. Twice previously he had been released.

Arresting a member of the public and releasing him more without charge may be misfortune, doing it twice may be carelessness, the third time somebody may misunderstand, may think the police are behaving unfairly or improperly," said Mr O'Connor.

Added to that was an assurance that Griffiths had been given after his second arrest in October 1981 that no action would be taken against him unless further evidence came to light.

Then he was arrested a third time, with no material evidence against him. "The very thought of Mr Griffiths must have made their stomachs turn," said Mr O'Connor.

So the confession was invented. "If you agree with that, it's the end of the case," the jury were told.

Earlier, the court heard the rest of the closing speech by Mr Michael Mansfield, on behalf of David Burns.

Mr Mansfield said the only evidence against Burns was the interviews with the police and because Burns had refused to discuss politics with them, they had had to fabricate the answers to their questions.

But the police had made five safeguards, Mr Mansfield told the jury there was no signed statement in writing by Burns, nor were the notes of the interviews signed by him.

No solicitor had been present at the interviews, nor had one been informed that Burns had allegedly made an admission to being involved with the Pontypridd device.

The case continues today.

The charges

FIVE defendants are indicted on a charge of conspiring between March 1 1980 and June 29 1982, to destroy or damage property:

David Frederick Burns, aged 25, a computer programmer, of Pop-y-Pren Road, Caerau, Cardiff, and Robert David Griffiths, 31, a researcher of Lancaster Street, Roath, Cardiff, are charged with acting with intent to cause an explosion between October 16 and October 27 1981.

Nicholas Peter Hodges, aged 22, a clerk, of Dogo Street, Pontcanna, Cardiff, is charged with acting with intent to cause an explosion between October 26 and October 28 last year.

Adrian Clifford Stone, 23, unemployed, of Heol Graigwen, Caerphilly, is accused of possessing explosive in April last year.

Brian Wesley Rees 36, of Arbennin Crescent, Lewisham, London, a computer systems designer, is also charged with possessing explosive substances.

Griffiths faces a further charge of helping Dafydd Ladd—now arrest in May last year knowing he had been in possession of explosive substance.

A sixth defendant, David Ladd, aged 24, a Welshman, did not appear at the start of the trial yesterday.

Another man, Gareth Kevin Owen Westacott, 29, a museum attendant, of Westbourne Crescent, Caerau, Cardiff, has failed to answer bail. A warrant has been issued for his arrest.

Rees gaoled

Swyddog o'r Heddlu Cudd yn ceisio cuddio'i wyneb wrth gadw
golwg ar dŷ Robert Griffiths (a welir wrth y drws yn y cefndir).

Y Diffynyddion Heddiw

Dave Burns

Adrian Stone

Robert Griffiths, Ysgrifennydd Plaid Gomiwnyddol Prydain

Pan arestiwyd hi roedd hi wedi dweud ei bod yn gwrthod ateb cwestiynau am ei bod yn cael ei chadw am resymau gwleidyddol. Roedd yn ei hystyried ei hun yn garcharor rhyfel. 'Jenny was tough as old boots,' meddai Adrian Stone yn llawn edmygedd.

Dyw'r heddlu byth yn cyfaddef iddyn nhw daro bargeinion gyda rhai sy'n cael eu cyhuddo o dorri'r gyfraith, ond yn syth ar ôl i Dafydd Ladd ddangos y tanyddion yng Nghastell Coch cafodd Jenny Smith ei rhyddhau. Yn ei lyfr *Police Conspiracy* mae John Osmond yn manylu am natur y 'fargen' oedd wedi'i tharo rhwng Dafydd Ladd a'r heddlu 14 mis cyn yr achos. Mae'n dweud bod yr heddlu wedi addo tri pheth yn gyfnewid am ddangos y tanyddion: y byddai Jenny Smith yn cael ei rhyddhau ar fechnïaeth yn syth ac y byddai'r holl gyhuddiadau yn ei herbyn yn cael eu gollwng yn y pen draw; na fyddai Ladd ei hun yn cael ei gyhuddo o gynllwyn; ac y byddai Ladd yn cael ei gyhuddo o fod â ffrwydron yn ei feddiant, yn hytrach na'r cyhuddiad mwy difrifol o fod â nhw yn ei feddiant gan fwriadu eu defnyddio. Roedd y cytundeb wedi ei wneud ym mhresenoldeb ei gyfreithiwr. Y 'fargen' honno oedd achos y drafodaeth pan anfonwyd y rheithwyr allan am wythnos yn gynnar yn yr achos.

Doedd yr erlyniad ddim yn awyddus i'r bargeinio ddod yn fater cyhoeddus, gan y byddai hynny'n bwrw amheuaeth ar eu tystiolaeth yn gyffredinol. Roedden nhw wedi torri un rhan o'r fargen, trwy beidio gollwng y cyhuddiadau yn erbyn Jenny Smith. Pan ddaeth yn amlwg yn y llys bod yr amddiffyniad yn bwriadu eu herio ynglŷn â hynny fe ddechreuodd yr erlyniad boeni, a rhoddwyd y rhan fwyaf o'r fargen yn ôl mewn grym. Plediodd Ladd yn euog o fod â'r ffrwydron yn ei feddiant gyda'r bwriad o'u defnyddio, a chafodd Jenny Smith ei rhyddhau. Y cyfan a ddatgelwyd yn y llys oedd bod Ladd yn derbyn y cyfrifoldeb am y defnyddiau oedd wedi cael eu darganfod yn eu fflat.

Ar ddiwedd yr achos cafodd Dafydd Ladd ei garcharu am

naw mlynedd. Ond mae'n amheus pa mor ganolog oedd ei ran yn ymgyrch fomio WAWR. Dywedodd ei fargyfreithiwr, Rock Tansey, wrth y llys nad oedd wedi cymryd rhan mewn unrhyw fomio. Ffoliheb fyddai iddo wneud hynny ac yntau ar ffo wedi'r achos yn Llundain, meddai. A phe byddai Ladd yn fomiwr caled a phrofiadol, go brin y byddai wedi dangos y tanyddion i'r heddlu. Gofynnodd i'r Barnwr ddangos trugaredd trwy beidio â rhoi dedfryd o garchar a fyddai'n chwalu ei berthynas â Jenny Smith, perthynas oedd wedi dod â gobaith newydd i'r ddau.

Heddiw mae Dafydd Ladd a Jenny Smith a'u plant yn byw bywyd tawel rywle yng ngorllewin Cymru. Roeddwn i wedi bwriadu cysylltu â nhw ond yn ôl eu ffrindiau does ganddyn nhw ddim awydd cael eu hatgoffa o ddyddiau cythryblus yr wythdegau. Felly fe gân nhw aros, i'r rhan fwyaf ohonon ni, yn Bersonau Anhysbys.

Pennod 8

GRONYN O BOWDWR GWYN

Pe baech chi'n chwilio am y math o berson a allai fod yn gwneud bomiau ar gyfer WAWR byddai'r rhan fwyaf o'r cymwysterau gan Adrian Stone. Roedd yn aelod o'r Mudiad Gweriniaethol, yn casáu Torïaid a Phrydeindod, wedi astudio Cemeg, ac yn aelod o'r Fyddin Diriogaethol er gwaetha'i wrthwynebiad i'r Frenhiniaeth y byddai wedi gorfod cymryd llw o deyrngarwch iddi. Dyma'r dyn, yn ôl y plismyn, oedd wedi dweud wrthyn nhw ei fod yn aelod o WAWR ac wedi ymuno â'r TA er mwyn dysgu bod yn filwr dros Gymru. Y broblem oedd bod Stone yn gwadu iddo erioed ddweud y fath bethau, ac yn mynnu nad oedd ganddo gysylltiad ag unrhyw fom. Doedd dim tystiolaeth fforensig yn ei erbyn. Felly, yn ôl yr amddiffyniad, roedd yr heddlu wedi gosod tystiolaeth ffug yn ei ystafell wely. Daeth saga'r 'dystiolaeth' honno, gronynnau o bowdr gwyn yng ngwaelod goblet, yn drobwynt yn yr achos llys.

Roedd Adrian Stone yn 23 oed adeg yr achos, yn ddi-waith ac yn byw gyda'i rieni a'i chwaer ym Mhenyrheol ger Caerffili. Roedd wedi astudio Cemeg ym Mholitechnig Cymru ym Mhontypridd ond wedi gadael cyn diwedd y cwrs. Er mwyn cael arian, medda fo, yr oedd wedi ymuno â'r uned hyfforddi swyddogion, yr OTC, yn y coleg ac wedyn â'r Fyddin Diriogaethol ym Mhontypridd. Daeth i sylw'r heddlu gyntaf adeg y ffrwgwd yn rali Dic Penderyn ym Merthyr, pan gafodd ei frathu gan un o'u cŵn, a'i gyhuddo o dan y ddeddf trefn gyhoeddus. Roedd yr erlyniad hefyd yn pwysleisio hefyd ei fod wedi cael ei weld mewn protest ynglŷn â phrisiau dŵr ym mhencadlys Awdurdod Dŵr Hafren Trent cyn y bom yno yn Ionawr 1982. Roedd yntau'n mynnu bod honno'n brotest heddychlon wedi ei threfnu gan Blaid Cymru a'i fod yno'n hollol agored.

Stone oedd y diffynnydd cyntaf i roi tystiolaeth yn yr achos. Fo hefyd oedd y cyntaf i gael ei arestio a'i gadw yn y ddalfa, ar Ebrill 29, 1982. Y diwrnod wedyn cafodd ei gyhuddo o fod â defnyddiau ffrwydrol yn ei feddiant. Bu digwyddiadau'r ddau ddiwrnod hynny yn destun dyddiau o drafod yn y llys. Fel hyn y mae Adrian Stone yn eu cofio nhw:

'Roeddwn i yn y TA ar y pryd, ac wythnos cyn i'r heddlu fy arestio roeddwn i wedi cael fy ngalw i'r swyddfa gan y Lieutenant-Colonel oedd eisie gwybod beth fyddwn i'n ei wneud yn fy amser sbâr. Roeddwn i wedi cael awgrym cyn hynny bod rhywbeth ar fin digwydd pan glywais fod dau ddyn Special Branch wedi bod i mewn yn gofyn am gael gweld fy ffeil. Fe ddwedodd y Lieutenant-Colonel nad oedd e ddim yn meddwl 'mod i'r teip i wasanaethu yn ei Gatrawd e, a bod rhaid i fi fynd.

'Yn gynnar ar y bore Iau wedyn roedd rhywun yn curo ar y drws gartre. Agorodd fy mam y drws a'r funud nesa roedd y drws wedi ei wthio'n ôl a fy mam yn cael ei gwasgu yn erbyn y wal. Fe glywais i'r sŵn a neidio mas o 'ngwely a gweld y dyn y dois i'w nabod wedyn fel y Ditectif Ringyll Stuart Lewis. Wedyn fe ddaeth 'na griw o blismyn eraill tu cefen iddo fe. Fe ddwedodd un ohonyn nhw, yr Arolygydd Gordon Smith, eu bod nhw'n fy arestio fi ynglŷn â bomiau.

'Fe ruthron nhw i fewn i stafell fy chwaer a'i dal hithau yn erbyn y wal. Roeddwn i'n ystyried a ddylwn i daro un ohonyn nhw ond roedd yn amlwg fod rhagor o blismyn yn y tŷ. Roedd gyda ni gi hefyd a'r hyn oedd yn fy hala fi'n grac yn fwy na dim oedd na wnaeth y diawl ddim cnoi'r un ohonyn nhw, er ei fod e'n ddigon parod i gyfarth ar bawb arall!

'Fe wisgais fy nillad a chyn pen dim roedd pedwar neu

bump o blismyn yn fy stafell. Roedd Gordon Smith yn sefyll ar bwys bord, ac ar y ford roedd goblet piwtar roeddwn i wedi'i gael ar fy mhen- blwydd yn ddeunaw oed. Fe aethon nhw â fi mas i'r car ac fe ddwedais wrth fy mam am roi gwybod i fy nghyfreithiwr Rhydian Davies ac i'n cynghorydd lleol Lindsay Whittle beth oedd yn digwydd.

'Yn y car gyda Lewis, Smith a'r Cwnstabl Alan Mead, oedd yn gyrru, fe ofynnais beth oedd yn digwydd ac i ble'r oedden ni'n mynd. Dwedodd Smith eu bod nhw'n fy arestio am fwrgleriaeth a'u bod nhw'n mynd â fi i 'Rhymni'. Ond doedd e ddim yn fodlon dweud p'run ai Rhymni ym mhen ucha'n cwm ni yng Ngwent ynte Rhymni [Tredelerch] Caerdydd. Yn y diwedd fe droeon ni am y gorllewin ac fe gyrhaeddon ni bencadlys yr heddlu ym Mhen-y-bont ar Ogwr. Roedd hyn yn rhan o'u polisi nhw, mynd â phobol i rywle lle nad oedd neb yn gwybod ble'r oedden nhw.

'Yn y cyfamser roedd plismyn eraill yn chwilio'r tŷ gan fynd trwy bopeth â chrib fân. Fe fuon nhw'n palu'r ardd lle'r oedd rhywun wedi fy ngweld i ychydig ynghynt yn claddu cath. Fe godon nhw'r gath a gwneud dadansoddiad fforensig i weld oedd hi wedi cael ei gwenwyno.

'Ym Mhen-y-bont roedden nhw wedi mynd â'm hesgidiau oddi arna i ac fe fues i hebddyn nhw am ddau ddiwrnod. Fe ddechreuon nhw fy holi yn syth ar ôl cyrraedd yno ac fe gynhalion nhw nifer o gyfweliadau nad oedd dim sôn amdanyn nhw yn unrhyw gofnodion. Roedden nhw'n gwadu, er enghraifft, imi gael fy holi gan y Special Branch ond roeddwn i'n gallu disgrifio'r stafell ar y llawr cynta lle'r oedd y cyfweliad hwnnw wedi digwydd.

'Wedyn fe lwyddodd fy nghyfreithiwr i ganfod ble'r oeddwn i a roedd fy ffrindiau wedi trefnu protest fawr y tu fas. Roedd y plismyn yn gwadu 'mod i yno a finnau'n gweiddi er mwyn gwneud yn siŵr bod fy ffrindiau yn gwybod eu bod nhw'n dweud celwydd. Roedden nhw'n curo ar y ffenest lle'r oeddwn i'n cael fy nghadw. Rwy'n meddwl bod y plismyn yn ofni ar un adeg eu bod nhw yn mynd i lwyddo i ddod i fewn. Fe aethon nhw â fi lan y stâr i stafell arall i barhau â'r holi.

'Os nad 'ych chi wedi bod yn y math hwn o "gyfweliad" mae'n anodd sylweddoli sut brofiad yw e. Pan mae'r heddlu'n benderfynol o'ch cael chi'n euog d'yn nhw ddim yn gadael i ddim byd eu rhwystro nhw. Fe ddwedodd un ohonyn nhw wrtho i nad oedd e'n becso a oeddwn i'n euog neu beidio: "We will fit you up," medde fe. Ond roedden nhw hefyd yn cynnig pob math o bethe. Fe ddwedon nhw y bydden nhw'n fy ngollwng i'n rhydd ac yn talu deng mil o bunnau i mi os oeddwn i'n fodlon enwi pobol eraill a dweud mai nhw oedd yn gyfrifol am y bomiau. Un o'r bobol hynny oedd Dafydd Elis Thomas, Aelod Seneddol Meirionnydd Nant Conwy ar y pryd. Roedden nhw am i fi ddweud mai fe oedd y brêns tu ôl i'r bomio. Roedden nhw hefyd eisie imi roi tystiolaeth yn erbyn Robert Griffiths, Tim Richards a Gareth Miles, pob un ohonyn nhw, hyd y gwyddwn i, yn hollol ddi-euog. Roedden nhw'n benderfynol o arestio pobol ac yn fodlon defnyddio tystiolaeth gan rywun roedden nhw'n gwybod ei fod e'n dweud anwiredd.'

Yn naturiol roedd yr heddlu'n gwadu iddyn nhw wneud unrhyw gynigion o'r fath, er i ddiffynyddion eraill ddweud bod pethau tebyg wedi eu cynnig iddyn nhw. Aeth un o'r plismyn, Stuart Lewis, mor bell â dweud nad oedd erioed wedi clywed sôn am Dafydd Elis Thomas nes iddo glywed ei enw yn y llys. Bu dadlau mawr hefyd ynglŷn â'r pethau roedd Stone i fod wedi eu dweud mewn cyfweliadau gyda'r plismyn. Un enghraifft oedd: 'Rwy'n cytuno gyda gweithredu uniongyrchol yn erbyn unrhyw beth neu unrhyw un sy'n gwrthwynebu'n daliadau gwleidyddol ni. Rwy'n credu mewn dymchwel cymdeithas ddemocrataidd trwy rym er mwyn sefydlu Gweriniaeth Sosialaidd y Gymru Rydd, gweriniaeth debyg i Ffrainc neu'r Unol Daleithiau.' Roedd y ddwy wlad honno'n ddewis od i ddyn â daliadau sosialaidd, meddai bargyfreithiwr Stone, Martin Stevens, wrth y rheithwyr.

Fe dreuliodd Adrian Stone ddeuddydd yn y blwch tystio. Collodd ei dymer fwy nag unwaith wrth gael ei groesholi gan yr erlynydd, Gareth Williams. Soniwyd am ddatganiad gan ddiffynnydd arall, Nicholas Hodges, yn cysylltu Stone â bomiau. 'Mae Nicholas Hodges yn gelwyddgi,' gwaeddodd Stone, gan ymddiheuro wedyn i'r Barnwr. Cafodd ei holi'n hir am ei ddaliadau gwleidyddol, a'i wthio'n raddol o safbwynt cymodlon i un mwy eithafol. Roedd yn cefnogi gwneud niwed i eiddo ond nid i bobl, meddai. Doedd o ddim yn cyfiawnhau'r bomiau mewn clybiau Ceidwadol lle'r oedd pobl gyffredin yn cymdeithasu: 'Yr un yng Nghaerffili yw'r unig le yn y dre sy'n gwerthu peint da o Brains.'

Ond roedd rhan bwysica'i achos yn ymwneud â'r defnyddiau roedd yr heddlu wedi eu cymryd o'i dŷ. Yn eu plith roedd dau fap o Lundain, un ohonyn nhw â marc coch ganllath i ffwrdd o swyddfeydd y Bwrdd Glo, targed i un o'r bomiau. Dwedodd Stone nad oedd yn gwybod pwy oedd wedi gwneud y marc. Fe allai gweddill y defnyddiau, yn ôl yr erlyniad, fod wedi cael eu defnyddio i wneud bomiau. Ond roedd gan Stone esboniad am bob un. Roedd 'hexamine' wedi ei roi iddo gan ei fataliwn i'w ddefnyddio fel tanwydd ar gyfer stôf yn ystod ymarferion y TA. Roedd yr eitemau eraill i gyd, heblaw un, yn bethau y gellid eu gweld mewn unrhyw gartre. Allan o set electroneg a gafodd yn blentyn y daeth dwy switS a wnaed gan Mettoy; perthyn i gyfrifiannell yr oedd dau fatri; roedd bwlb wedi dod allan o lamp fechan, ac roedd darn o wifren yn perthyn i lamp arall yn llofft ei chwaer. Yr un eithriad oedd mymryn o bowdr gwyn oedd wedi cael ei ddarganfod, meddai'r heddlu, mewn goblet ar fwrdd yn ei stafell. Potasiwm clorad oedd hwnnw. Roedd Stone yn hollol bendant nad oedd wedi gweld y defnydd hwnnw yn ei fywyd ac mai'r plismon Gordon Smith oedd wedi ei osod yn ei stafell.

Roedd yr erlyniad, wrth gwrs, yn gwadu hynny'n daer. Ond cafodd y tîm amddiffyn hyd i ddau wendid yn nhystiolaeth yr heddlu. Roedd y plismyn ym Mhen-y-bont wedi dweud wrth Stone bod *chlorate* wedi ei ddarganfod yn y goblet yn ei stafell, a bod hwnnw i'w gael mewn chwynladdwr. Roedd hynny am hanner awr wedi deg ar y bore Gwener ar ôl iddo gael ei arestio. Dywedodd y Ditectif Uwcharolygydd Raymond Hill o Heddlu'r De wrth y llys fod gwyddonydd fforensig, Dr John Bassett, wedi dweud wrtho ar y ffôn 'tua naw neu ddeg o'r gloch y bore' bod clorad wedi ei ddarganfod. Yn ddiweddarach y cafodd y defnydd ei ddadansoddi fel *potasiwm* clorad, meddai. Ond wrth gael ei groesholi fe ddwedodd Dr Bassett nad oedd o wedi derbyn y sampl i'w ddadansoddi tan y bore Gwener, ac na fyddai wedi rhoi'r wybodaeth i'r heddlu yng Nghaerdydd tan y pnawn Gwener, neu o bosib y dydd Llun. Felly roedd yr heddlu wedi holi Stone am y 'clorad' cyn iddyn nhw gael gwybod beth oedd y powdr gwyn. Ac nid *sodiwm* clorad – sydd i'w gael mewn chwynladdwr ac a ddefnyddiwyd yn rhai o'r bomiau – oedd yno o gwbl, ond *potasiwm* clorad, cemegyn arbenigol y mae bron yn amhosibl i leygwyr gael gafael arno. 'Nid yn unig fe osododd yr heddlu y cemegyn yn ei stafell, ond fe osodon nhw'r stwff anghywir,' meddai Martin Stevens ar ran Stone.

Doedd gan yr erlyniad ddim eglurhad i'w gynnig. Canfed rhan o owns, neu 0.3 gram, oedd pwysau'r powdr gwyn. Ond fe wnaeth gymaint â dim yn yr achos i droi'r glorian o blaid y diffynyddion.

DYDD NEU NOS?

'Rydych chi'n dal i feddwl y byd o Nicholas?' meddai'r erlynydd yn ei lais tawel ymosodol. Cydiodd Mrs Muriel Hodges yn dynn yng nghanllaw'r bocs tystio. 'Ydw, mae'n fab imi,' meddai'n grynedig. Fel roedd y cwestiwn nesaf yn dod gofynnodd a gâi hi eistedd. Ond erbyn i un o swyddogion y llys estyn cadair roedd hi ar lawr, wedi llewygu.

Dwy ar hugain oed oedd Nic Hodges ar y pryd, ac yn edrych yn iau. Mae'n siŵr mai fo oedd y diffynnydd oedd yn edrych leiaf tebyg i derfysgwr. Ond fo hefyd oedd wedi 'cyfaddef' i'r drosedd fwyaf difrifol, ac wedi arwyddo'r cyfaddefiad. Roedd wedi bod yn y carchar am 40 wythnos cyn cael mechnïaeth, ac yn wynebu blynyddoedd maith o dan glo os byddai'r rheithwyr yn credu'r cyfaddefiad hwnnw. Os oedd ar unrhyw ddiffynnydd angen cefnogaeth teulu, Nic Hodges oedd hwnnw, ac roedd ei rieni, Joseph a Muriel, i'w gweld bob diwrnod yng nghyffiniau'r llys.

Yr hyn oedd dan drafodaeth pan lewygodd ei fam oedd symudiadau Nicholas ar y diwrnod hwnnw ym Medi 1981 pan osodwyd bom yn swyddfeydd y Gorfforaeth Ddur yng Nghaerdydd. Roedd hi'n haws iddyn nhw gofio nag a fyddai hi i deulu arall, gan ei bod hi'n ddiwrnod pen-blwydd y tad. Yn ôl y teulu roedd Nic wedi bod gartre am y rhan fwyaf o'r dydd yn helpu'i fam i baratoi pryd i ddathlu, ac wedyn roedd ei dad wedi ei ddanfon yn ei gar i ymarfer band mewn capel yn Sblot. Fo oedd yn chwarae'r drwm mawr ym Mand Dewi Sant, neu Fand y Merthyron. Roedd wedi galw yn nhafarn yr Halfway ar ei ffordd adre o'r ymarfer.

Y cwestiwn oedd, a fyddai wedi cael cyfle i bicio draw i Gabalfa mewn car yn cario bom, yn ystod yr amser hwnnw pan nad oedd ganddo dyst i fod yn ei gwmni? Na fyddai, meddai'r teulu. Byddai, meddai'r erlyniad, a oedd hyd yn oed wedi cael

Mrs Isadora, oedd yn gweithio yn y garej Elf ar waelod Cathedral Road, i'r llys i dystio ynglŷn â'i horiau gwaith. Yr honiad oedd ei bod wedi gwerthu petrol i Joseph Hodges yn gynharach yn y dydd na'r adeg yr oedd o'n dweud ei fod wedi galw yno wrth fynd â'i fab i'r ymarfer.

Nic Hodges oedd trysorydd ac yna ysgrifennydd Clwb Caerdydd Mudiad Gweriniaethol Sosialaidd Cymru. Roedd wedi colli ei waith fel clerc gyda chwmni Pickfords yng Nghaerdydd pan gafodd ei arestio ym Mai 1982 a'i gadw yn y carchar am naw mis heb fechnïaeth. Cyn hynny roedd yn gweithio yn labordy Avana Bakeries. Yn ystod ei gyfnod di-waith cyn yr achos roedd wedi cael ei ethol yn gadeirydd ei gangen leol o Blaid Cymru.

Yr unig dystiolaeth 'weledol' yn ei erbyn oedd brasluniau mewn pensel roedd yr heddlu wedi dod o hyd iddyn nhw yn ei dŷ. Roedd wedi dweud iddo'u gwneud nhw fel patrymau posibl ar gyfer peiriant gwneud bathodynnau roedd o'n bwriadu ei brynu. Yng nghanol lluniau â sloganau fel Free Welsh Alcoholics, roedd un llun o'r haul yn codi. Roedd hwnnw, meddai'r erlyniad, yn debyg i'r logo ar y llythyrau roedd WAWR wedi bod yn eu hanfon, yn hawlio cyfrifoldeb am fomiau.

Ond y ddadl dyngedfennol yn achos Nic Hodges oedd beth yn union oedd wedi digwydd yn ystod y diwrnod a hanner ar ôl iddo gael ei arestio ar y chweched o Fai 1982. Roedd dau swyddog o heddlu'r West Midlands wedi galw i'w weld yn ystod ei awr ginio yn ei waith yn Pickfords ac yntau wedi cytuno i fynd efo nhw i orsaf yr heddlu yn Nhredelerch, Caerdydd. O'r fan honno ymlaen mae dwy stori hollol wahanol am yr hyn a ddigwyddodd.

Yn ôl yr heddlu roedd y Ditectif Arolygydd Arthur Rickerby a'r Ditectif Ringyll Norman Chapman wedi ei holi trwy'r pnawn ac yntau wedi cynnig gwneud datganiad fel tyst yn sôn am y diffynnydd arall, Adrian Stone. Roedd yn dweud yn hwnnw fod Stone wedi gofyn iddo, pan oedd yn gweithio mewn labordy, a allai gael gafael ar asid nitrig, ac yntau wedi ateb y gallai gael galwyni o'r stwff. Roedd wedi cael ei adael mewn cell ar ei ben ei hun tan hanner awr wedi saith y noson honno pan aeth dau blismon o heddlu De Cymru i'w holi: y ddau swyddog hynny, y Ditectif Arolygydd Gordon Smith a'r Ditectif Ringyll Stuart Lewis, oedd wedi bod yn chwilio'i dŷ ac wedi dod o hyd i'r lluniau WAWR, ac roedden nhw eisiau eglurhad am y rheini. Rhwng 9.15 a 10.05 roedd wedi cael ei holi gan Gordon Smith. Yn ôl Smith roedd wedi cael ei anfon yno gan y Prif Uwcharolygydd Donald Carsley, pennaeth CID De Cymru, i geisio perswadio Hodges i ymolchi ac eillio. Rhwng 11.35 a 11.50 y noson honno roedd Rickerby a Chapman wedi ei holi wedyn, ac yn y cyfweliad hwnnw roedd Hodges wedi cyfaddef ei fod yn aelod o WAWR. Roedd wedi cael ei adael ar ei ben ei hun tan hanner awr wedi naw fore trannoeth. Mewn cyfweliad rhwng chwarter i hanner dydd a hanner awr wedi un roedd wedi gwneud datganiad yn cyfaddef iddo fod yn cadw gwyliadwriaeth tra oedd Adrian Stone yn gosod bom yn swyddfeydd y Gorfforaeth Ddur yn Gabalfa. Roedd y datganiad wedi ei sgrifennu gan Stuart Lewis a'i lofnodi gan Hodges.

Yn ôl fersiwn Hodges o'r cyfweliad cyntaf gyda'r ddau swyddog o Birmingham roedden nhw wedi rhoi'r argraff iddo ar y dechrau mai yn Adrian Stone yr oedd eu prif ddiddordeb nhw. Ond roedden nhw'n ymddwyn yn fygythiol tuag ato yntau hefyd. Meddai:

'Fe wnaethon nhw'n amlwg y gallwn i fod yno am amser hir iawn. Fe ddwedodd Rickerby ei fod e wedi bod yn fy nghartre a bod fy mam yn berson nerfus iawn ... Roedden nhw'n ddynion mawr ac roedd rhywbeth ynglŷn â'u hosgo oedd yn fy mhryderu. Fe ddwedon y gallen nhw fynd â fi i Birmingham ac na fyddai neb yn gwybod ble'r oeddwn i. Roedd Mr Chapman yn ddyn mawr iawn ac roedd e'n dod yn agos ac yn ei gwneud hi'n amlwg na fydde fe ddim yn petruso cyn fy nharo. Yn y diwedd fe ges fy mrawychu nes imi wneud datganiad.'

Yn y datganiad tyst hwnnw a arwyddodd am 4.45 pm fe ddywedodd fod Adrian Stone wedi gofyn iddo am asid mewn tafarn yn Abertawe ar ôl iddyn nhw fod mewn protest ynglŷn â swyddi yn y diwydiant dur. Y swyddogion, medda fo, oedd yn awgrymu llawer o'r hyn oedd i fynd i mewn i'r datganiad. 'Roeddwn i wedi cael cymaint o fraw fe fyddwn i wedi arwyddo unrhyw beth. Roeddwn i eisie mynd mas mor fuan ag y gallwn i. Ond ar ôl imi arwyddo'r datganiad doedden nhw'n dal ddim yn fodlon. Roedden nhw'n dal ati ac yn fy mygwth. Fe darodd un ohonyn nhw'i ddwrn yn fy mhenelin wrth imi eistedd . . .'

Yn ôl Nic Hodges roedd wedi cael ei holi'n ddi-baid drwy'r nos gan wahanol swyddogion. Roedd mwy o fygythion yn erbyn ei deulu. Dywedwyd eto bod ei fam yn berson nerfus ac y gallai'r sioc ei lladd. Byddai'r cyhoeddusrwydd i Nicholas yn gwneud drwg i fusnes ei dad, oedd yn drydanwr hunangyflogedig. Ond os oedd o'n fodlon taro bargen gyda'r heddlu gallai fynd yn rhydd ac yn ôl at ei ffrindiau a chael ei ystyried yn arwr.

Roedden nhw wedi dweud bod yn rhaid iddo gyfaddef ei fod wedi cymryd rhan mewn un digwyddiad yn ymwneud â ffrwydron, neu y bydden nhw'n ei gyhuddo o ddau. Nhw oedd wedi dewis bom y Gorfforaeth Ddur yn Gabalfa. Roedd a chanddo ffeil ar y digwyddiad hwnnw. 'Fe ddwedodd ei fod e'n falch fy mod i'n dechrau cydweithio gyda nhw. Gofynnais iddo fe a allwn i gael gweld fy nhad neu gyfreithiwr. Fe ddwedodd e "Na" a rhoi ei fraich amdanaf. "I am your father now", medde fe.'

Roedd yn fwy blinedig nag ar unrhyw adeg yn ei fywyd, meddai, ac wedi colli pob ewyllys. Yn y cyfnod rhwng pedwar a saith o'r gloch y bore roedd yr heddlu ac yntau wedi paratoi datganiad ar ei ran yn cyfaddef i bob math o bethau. Y plismyn oedd yn cynnig gwybodaeth am y bom ac yntau'n gwneud ambell awgrym. Am ddeg o'r gloch y bore roedd y cyfweliad wedi parhau gyda Stuart Lewis yn ysgrifennu'r datganiad a Rickerby a Smith yn helpu gyda rhai o'r manylion. Roedd Hodges wedi 'cyfaddef' iddo fo ac Adrian Stone, ynghyd â gyrrwr nad oedd yn ei adnabod, fynd â'r bom i'r adeilad yn Gabalfa. Roedd Hodges wedi cadw gwyliadwriaeth tra oedd Stone yn yr adeilad. Un o'r pethau od ynglŷn â'r stori oedd ei bod hi'n dywyll ar y pryd ac eto roedd Hodges yn gwybod union daldra a lliw llygaid y gyrrwr, ac yn mynd i fanylion am y cloc larwm oedd yn rhan o'r ddyfais, er bod y cyfan y tu mewn i fag y tu mewn i focs. 'Wnes i ddim darllen y datganiad,' meddai wrth y llys, 'dim ond ei arwyddo.'

Doedd yr heddlu ddim yn fodlon dweud wrth ei rieni tan y bore ar ôl iddo gael ei arestio ym mhle'r oedden nhw'n ei gadw. Fe gawson nhw'i weld y pnawn hwnnw, trwy fariau cell. 'Roedd e'n edrych yn druenus,' meddai ei fam wrth y llys. 'Roedd e'n fy atgoffa o luniau o'r Croeshoeliad. Dyna'r olwg oedd ar ei wyneb.'

Roedd yn rhaid i'r rheithwyr benderfynu rhwng dwy stori hollol wahanol o'r hyn oedd wedi digwydd, ac fe glywson nhw Roderick Price, bargyfreithiwr Nic Hodges, yn holi tystion yr heddlu mewn manylder mawr ynglŷn â chofnodion y digwyddiadau yn swyddfa'r heddlu. Roedd lle i amau fod llyfr oedd yn cofnodi bod Hodges wedi bod mewn cell am y rhan fwyaf o'r noson wedi cael ei ffugio. Roedd amheuaeth ynglŷn â thystiolaeth y Ditectif Gwnstabl Graham Mouncher, oedd yn honni nad oedd yno o gwbl, er i Hodges fynnu ei fod yn un o'r croesholwyr mwyaf bygythiol. Ac wedyn fe ddaeth stori braidd yn anodd i'w chredu gan y swyddog uchaf un, Donald Carsley. Fyddai hi ddim wedi bod yn bosib i ddau o'r plismyn, Gordon Smith a Stuart Lewis, fod yn holi Hodges rhwng 4 a 7 o'r gloch y bore, meddai Carsley, gan eu bod nhw ar y pryd yn gwylio tŷ Dafydd Ladd a Jenny Smith yn Cathedral Road. Roedd y Prif Uwcharolygydd wedi cofio am chwech o'r gloch y bore eu bod nhw yno, ac wedi gyrru o'i gartref yn y Barri i ddweud wrthyn nhw am fynd adref.

Cafodd Nic Hodges hefyd ei holi'n hir gan yr erlynydd Gareth Williams am ei ddaliadau a'i weithgareddau gwleidyddol. Oedd o'n cytuno â phenderfyniad y Mudiad Gweriniaethol i gyfrannu £5 i'r gronfa i godi cofeb i Ferthyron Abergele? 'Roeddwn i'n naw oed ar y pryd. Fuaswn i ddim yn eu condemnio nhw. Fe fuon nhw farw dros eu gwlad,' meddai. Fel Adrian Stone o'i flaen, cafodd ei wthio tuag at safbwyntiau mwy eithafol wrth i'r croesholi fynd yn ei flaen. Roedd ei agwedd wedi caledu wrth gael ei gadw yng ngharchar gyda thystiolaeth ffug yn ei erbyn, meddai.

* * *

Bu farw Joseph Hodges, tad Nic, o drawiad ar ei galon, ddeufis ar ôl i'r achos orffen. Heddiw mae Nic Hodges yn gweithio i un o adrannau'r llywodraeth ac yn un o gynghorwyr sir Plaid Cymru yn y Barri. Ymhlith yr etholwyr y mae'n gyfrifol am eu buddiannau y mae cyn-bennaeth CID De Cymru Donald Carsley.

AMSER I FEDDWL

Wnaeth yr amddiffyniad ddim galw ar lawer o dystion. A gan mai byr fel arfer oedd eu hymddangosiad mae'r rhan fwyaf wedi hen fynd yn angof. Ond anghofia i byth mo'r Tad Lawrence Bevenot, yn rhannol am y byddwn yn ei weld yn aml wedi hynny ar ei feic o gwmpas Caerdydd. Roedd o'n 82 oed adeg yr achos a fedra i ddim peidio meddwl amdano fel Gwyddel. Nid dyna oedd o ond roedd rhywbeth ynglŷn â'i ymarweddiad a'i hiwmor, yn ogystal â'i alwedigaeth, yn gwneud i rywun deimlo mai Gwyddel a ddylai fod. Tyst alibi ar ran Dave Burns oedd o. Roedd o'n galw i weld y teulu bob nos Sul, gan gynnwys y noson pan oedd David, pe byddai rhywun yn coelio'r erlyniad, wedi mynd i Bontypridd i osod bom yn swyddfa recriwtio'r fyddin. Ond roedd y Tad Bevenot yn taeru bod y mab adref trwy'r nos ar yr aelwyd. Roedd o'n cofio'r noson yn iawn oherwydd ei fod yn paratoi i fynd i Gaerefrog drannoeth efo mam David, i ryw achlysur Pabyddol. Roedd David wedi rhoi decpunt i'w fam ar gyfer y daith.

Pan ofynnwyd rhyw gwestiwn digon syml i'r Tad Bevenot, fel 'A ddaru Mrs Burns gynnig paned o de ichi?' atebodd yr offeiriad ei fod yn meddwl y byddai hynny wedi bod yn beth digon synhwyrol a naturiol i ddigwydd. Cafodd gerydd caredig gan y Barnwr, a'i atgoffa nad mynegi barn ar ddoethineb gwahanol weithredoedd oedd ei angen, ond dweud yn gryno a oedden nhw wedi digwydd neu beidio. Ychydig gwestiynau'n ddiweddarach fe oedodd cyn ateb, a gofyn, fel plentyn swil mewn dosbarth, *Am I allowed to say "presumably"?'*

Yn ystod y croesholi fe bwysodd yr erlynydd Gareth Williams ar i'r Tad Bevenot ddweud a oedd wedi cael rhyw nodyn ar bapur gan Mrs Burns cyn iddo roi datganiad i'r heddlu am y noson dan sylw. Ei ateb bob tro oedd nad oedd ganddo gof am unrhyw nodyn. Wrth i'r croesholi ddwysáu neidiodd Michael Mansfield, oedd yn amddiffyn, ar ei draed a gofyn beth oedd arwyddocâd y darn papur honedig. Fe ddof at hynny yn y man, meddai Gareth Williams. Rwy'n gwybod hynny, meddai Mansfield, ond os oes unrhyw honiad am gael ei wneud ynglŷn â'r darn papur, rydw i am i hynny ddigwydd tra mae'r tyst yn dal yma, ac nid yn ddiweddarach. Doedd gan yr erlynydd mo'r wyneb i gyhuddo offeiriad o ddweud celwydd ar lw a daeth y drafodaeth honno i ben.

Tair ar hugain oed oedd Dave Burns adeg yr achos. Cafodd ei fagu yng Nghaerdydd ar aelwyd oedd yn ymwybodol o'i gwreiddiau Gwyddelig. 'Pan oedden ni'n blant byddai Nhad yn gweiddi dros dîm rygbi Iwerddon hyd yn oed pan oedden nhw'n chwarae yn erbyn Cymru,' meddai. 'A hynny er nad oedd e na'i rieni erioed wedi byw yn Iwerddon.'

Roedd Dave wedi mynd i Brifysgol Aberystwyth lle graddiodd mewn Hanes a dysgu Cymraeg gyda help y David Burns arall, Dafydd y Dug. Cafodd hefyd hyd braich o record droseddol, i gyd am bethau digon diniwed yn ymwneud â Chymdeithas yr Iaith. Cyn yr achos bu'n rheolwr siop fetio yng Nghaerdydd ac roedd yn dilyn cwrs cyfrifiadurol. Ei obaith oedd cael gyrfa fel gohebydd rasio ceffylau. Roedd wedi dod yn aelod o'r Mudiad Gweriniaethol ar ôl dychwelyd i Gaerdydd ar ddiwedd dyddiau coleg. 'Roedd Clwb Caerdydd yn cyfarfod bron bob wythnos,' meddai. 'Roedden ni'n ymwybodol iawn o'r hyn oedd yn digwydd o dan lywodraeth Thatcher yng Nghymru, gweddill Prydain ac Iwerddon. Roedd pethe'n edrych yn ddrwg iawn o safbwynt sosialwyr a chenedlaetholwyr. Eto roedd e'n amser ffrwythlon i fudiadau oedd tu fas i'r fframwaith wleidyddol gyffredin.'

Beth felly oedd Clwb Caerdydd yn ei wneud yn eu cyfarfodydd wythnosol? Ar ôl ffrwydrad o chwerthin mae'n ateb, 'Gormod o falu cachu!'

Wrth i'r llosgi tai haf ymestyn i ymosod ar dargedau eraill yn cynrychioli Prydeindod daeth yn ymwybodol fod yr heddlu'n cymryd diddordeb yn y Mudiad Gweriniaethol, ac ynddo yntau. Meddai:

'Fe ges i fy arestio a fy rhyddhau ddwywaith, yr ail dro ar ôl y bom yn swyddfa recriwtio'r fyddin ym Mhontypridd. Y trydydd tro oedd ym Mai 1982, a'r tro hwnnw fe ges i fy nghyhuddo.

'Doeddwn i ddim yn fodlon ateb cwestiynau ynglŷn â'r llosgi a'r bomiau ac ati, na chwestiynau am bobol eraill, pwy o'n i'n nabod ac yn y blaen. Doedd dim trais na bygwth o gwbl y ddau dro cynta. Ond y trydydd tro roedd e'n wahanol reit o'r dechre. Daeth wyth plismon i'r drws tua wyth o'r gloch y bore. Pan agorais i'r drws fe aethon nhw'n syth drwodd ac roedden nhw'n sarhaus iawn wrth fy nhad oedd yn 69 oed ar y pryd a ddim yn gryf iawn. Aethon nhw â fi'n syth mewn i'r car a roedden nhw'n fy mygwth gyda phob math o bethe. Roedden nhw'n perthyn i dri o heddluoedd gwahanol, a roeddwn i'n cael yr argraff reit o'r dechre nad oedden nhw ddim yn mynd i actio tu fewn i'r gyfraith.

'Pan gyrhaeddon ni orsaf yr heddlu roedd sawl heddwas yn dreisgar tuag ata i. Nid yn ddifrifol iawn, ond yn y sefyllfa lle'r oeddwn i ar fy mhen fy hunan roedd e'n brofiad eitha dychrynllyd. Y rhai o Birmingham oedd y gwaethaf. Roedden nhw'n dod o'r West Midlands Anti Terrorist Squad, y rhai oedd wedi ffugio tystiolaeth yn erbyn y Birmingham Six a gafodd eu carcharu ar gam am yr holl flynyddoedd. . . Fe ddwedon nhw wrtha i mai nhw oedd wedi arestio'r rheini. "You know what happened to them," medden nhw.

'Doedd y trais ei hunan ddim yn ddifrifol iawn, fy mhwno a 'nghicio fi a gwagio blwch llwch dros fy mhen i. Doedd hynny ynddo'i hunan yn ddim byd, mae'n gallu bod yn llawer gwaeth wrth chwarae rygbi. Ond roedd rhywun yn hollol ddiymadferth a roeddwn i'n meddwl pe buasen nhw'n penderfynu defnyddio trais llawer gwaeth na fydde neb yno i'w rhwystro nhw.'

Cafodd ei gyhuddo o gynllwyn ac o osod y bom ym

Mhontypridd.

'Yr unig dystiolaeth yn fy erbyn oedd fy mod i fod wedi cyfadde i'r heddlu yn llafar, nid yn ysgrifenedig, 'mod i wedi cymryd rhan yng ngosod y bom ym Mhontypridd. Doeddwn i ddim wedi cyfadde dim byd o'r fath a doedden nhw ddim hyd yn oed wedi cadw cofnod ar y pryd o'r hyn roeddwn i i fod wedi'i ddweud.'

Roedd yr ymgyrchydd hawliau sifil, yr Athro Phil Thomas, wedi awgrymu y dylai'r diffynyddion gael eu hamddiffyn gan fargyfreithwyr o Lundain oedd â phrofiad yn y math hwn o achosion. Lwc Dave Burns oedd cael ei gynrychioli gan Michael Mansfield ar ei fwyaf byrlymus. Meddai Dave:

'Bron nad oedd e'n werth mynd trwy'r holl artaith er mwyn cael cwrdd â Mike Mansfield a'i weld e'n perfformio. Rwy'n cofio un diwrnod, ro'n i'n gwybod fod Don Carsley yn mynd i roi tystiolaeth. Roedden ni oedd yn y doc wedi gweld y plismyn yn rhoi tystiolaeth flwyddyn ynghynt yn yr achos traddodi ac yn gwybod nad oedden nhw ddim yn arbennig o dda. Ac fe ddwedes i wrtho fe, "Chi'n mynd i fwynhau hyn achos fydd e ddim yn dda iawn." A dyma Mike yn dweud yn ei lais uchel, posh: "What, a Chief Superintendent? I just can't imagine it." Ar ôl i Carsley roi tystiolaeth a gwneud tipyn o ffŵl o'i hunan daeth Mike mas o'r llys i'r cyntedd, oedd yn llawn o blismyn cyffredin. "I just can't believe that Carsley," medde fe dros y lle. "I've never seen anything like it in all my life." Roedd y plismyn yn chwerthin; dwi ddim yn meddwl eu bod nhw'n hoff iawn o'r Serious Crime Squad a rhyw bobol felly.'

Dave Burns oedd yr unig ddiffynnydd i roi tystiolaeth yn Gymraeg. Mewn cyfweliad ar y pryd dywedodd fod hynny'n fater o egwyddor: 'Er 'mod i'n siarad Saesneg yn llawer gwell nag wy'n siarad Cymraeg ro'n i'n teimlo nad oedd dim dewis imi ond siarad Cymraeg os oeddwn i'n moyn bod yn ffyddlon i'm gwleidyddiaeth i.' Erbyn hyn mae'n cydnabod iddo gael un fantais ymarferol trwy dystio yn Gymraeg. 'Roeddwn i'n cael mwy o amser i feddwl. Wrth gwrs, roeddwn i'n deall y cwestiwn yn Saesneg ond doedd dim rhaid i fi ateb nes oedd Mr Rhys Jones a'i gyfeillion wedi gorffen cyfieithu.'

Yn ystod tystiolaeth yr heddlu am gyfweliad honedig gyda Dave Burns fe gafwyd golygfa a roddodd bleser mawr i'r diffynnydd. Roedd y Rhingyll Henry Stewart yn darllen y cwestiynau a'r erlynydd Gareth Williams yn darllen yr atebion oedd i fod wedi eu rhoi gan Dave Burns. Y trefniant oedd bod y plismon yn darllen o nodiadau yn ei lyfr, oedd i fod wedi eu gwneud ganddo ar y pryd, tra bod yr erlynydd yn dilyn copi oedd i fod wedi'i deipio rywbryd wedyn. Y broblem oedd bod y sgript deipiedig yn cynnwys cwestiynau ac atebion nad oedden nhw ddim i'w cael yn y cofnod 'gwreiddiol'. Roedd yr un peth wedi digwydd yn achos diffynyddion eraill. Honiad yr amddiffyn oedd mai'r fersiwn deipiedig oedd wedi dod gynta, a bod esgeulustod wedi digwydd wrth drosglwyddo honno i'r nodiadau oedd i fod wedi eu gwneud ar y pryd. Doedd gan yr erlyniad ddim eglurhad arall i'w gynnig.

'Roedden ni'n teimlo ar adegau nad oedd angen amddiffyniad arnon ni, a bod yr heddlu'n colli'r achos eu hunain heb unrhyw help,' medd Dave Burns. Roedd y 'cyfaddefiad' honedig yn llawn o ddatganiadau fel 'Dydw i ddim yn mynd i wadu fy mod ym Mhontypridd. Dydw i ddim am ddweud anwiredd' neu 'Dydw i ddim yn fodlon gwadu fy mod yn aelod o WAWR.' Ond yn y llys mi wadodd yn bendant iddo ddweud y fath frawddegau a allai, pe bai'r rheithwyr wedi eu credu, fod wedi golygu carchar am oes. Dywedodd wrth y llys mai fo oedd y dyn oedd wedi ymddangos mewn *silhouette* ar y rhaglen *Nationwide*. Ond syniad y criw cynhyrchu oedd hynny meddai, a nhw hefyd oedd wedi penderfynu y dylid gwisgo mygydau. Dychmygwch yr effaith ar y rhaglen, meddai

Michael Mansfield wrth y rheithgor, pe bai'r wybodaeth honno wedi cael ei datgelu i'r gwylwyr. *'Here we are, being driven through the streets of Cardiff wearing our ow'n blindfolds, especially provided by the BBC . . . '*

Michael Mansfield hefyd a lwyddodd i ddatgelu ffaith bwysig am un o'r 13 digwyddiad oedd wrth wraidd yr achos, yr unig dŷ haf, Bwthyn Pentop. Cafodd un o'r gwyddonwyr fforensig i gydnabod mai'r heddlu oedd wedi dweud wrtho am gynnwys Pentop ar y rhestr, er ei fod o o'r farn nad oedd yn perthyn i weddill y gyfres. Ceisiodd yr Uwcharolygydd Ray Hill esbonio hyn trwy ddweud mai gwyddonydd fforensig arall o'r enw Walter Elliot oedd wedi rhoi'r rhestr i'r heddlu yn y lle cyntaf, a bod honno'n cynnwys Pentop. Roedd Mr Elliot wedi marw cyn yr achos.

Ond doedd o ddim wedi marw flwyddyn ynghynt, pan gynhaliwyd yr achos traddodi. Yno fe ddywedodd mai'r heddlu oedd wedi rhoi'r rhestr o 13 digwyddiad iddo. Eu penderfyniad nhw oedd cynnwys Pentop.

Heb fwthyn Pentop fyddai'r ymgyrch losgi tai haf ddim wedi bod yn rhan o gefndir yr achos. A fyddai'r rhaglen *Nationwide* oedd yn dangos Robert Griffiths a Dave Burns – a finnau – ddim wedi cael ei dangos yn y llys.

WRIGLEY A'R *WESTERN MAIL*

Dwi'n cofio'r diwrnod yr arestion nhw Robert Griffiths. Roedd
gan HTV griw camera y tu allan i'r llysoedd barn yng
Nghaerdydd yn ffilmio rhywbeth arall, pan welson nhw un o
ymgyrchwyr gwleidyddol amlycaf Cymru yn cael ei hebrwng i
sedd ôl car heddlu a'i yrru i ffwrdd mewn steil. Mi ddaethon
nhw yn ôl i'r stafell newyddion yn falch o'u sgŵp, ond welodd
y ffilm erioed olau dydd. Daeth neges oddi uchod fod yr
heddlu'n gofyn inni beidio'i dangos, rhag 'tarfu ar ymholiadau'.
Ac felly, wrth gwrs, y bu.

Dydi Robert Griffiths chwaith ddim wedi anghofio'r
diwrnod na'r ymholiadau:

'Aethon nhw â fi i orsaf yr heddlu yn Nhredelerch,
Caerdydd. Fe ddaeth Ray Hill a rhyw foi arall i 'ngweld i, a
Hill yn dweud mewn llais hollol sarcastig, "We're so pleased
to see you, Mr Griffiths. I've been looking forward so much
to having you here as my guest!" Roedd e'n edrych yn eitha
bygythiol, ond fe ddwedodd hefyd am imi beidio becso, na
fydden nhw ddim yn defnyddio trais corfforol yn fy erbyn.
A bod yn onest ro'n i'n teimlo'n llawer gwell ar ôl hynny.
Roeddwn i'n meddwl y gallwn i handlo unrhyw fath arall o
drais.

'Ond wedyn fe aethon ni lan i'r stafell gyf-weld gyda
Gordon Smith, Stuart Lewis ac un swyddog arall oedd yn
gwneud nodiadau. A'r peth cynta ddigwyddodd oedd
Gordon Smith yn mynd yn 'berserk'. Roedd e'n sefyll lan ac
yn gweiddi ac yn sgrechian yn fy wyneb ac yn bangio'r
ddesg fel pe bai e mewn ffit – doeddwn i erioed wedi gweld
dim byd tebyg, hyd yn oed mewn ffilm. Wedi hynny
roedden nhw'n dechrau 'nghroesholi fi a finnau'n ateb i bob
cwestiwn, "I've got nothing to say. I wish to see my

solicitor". Ar ôl imi ddweud hyn dro ar ôl tro dyma fe'n troi at y boi oedd yn cymryd nodiadau ac yn dweud wrth hwnnw, gan nad oedd Mr Griffiths am roi atebion, y bydde fe'n rhoi atebion ar ei ran. Felly, o hynny 'mlaen, roedd Smith yn gofyn cwestiwn, wedyn yn rhoi'r ateb, a'r plismon arall yn sgrifennu'r cyfan i lawr.

'Roedden nhw'n fy holi am y bom ym Mhontypridd ond doedden nhw ddim yn ddigon twp i 'nghael i'n dweud "Ydw, rwy'n cyfadde'r cyfan". Roedden nhw'n fwy cyfrwys na hynny. Cwestiwn: "But did you not say you never met so and so in this particular pub?" :Mr Griffiths replied, "Oh, I must have been mistaken then." Pan ofynnon nhw oeddwn i'n aelod o WAWR, roeddwn i fod wedi ateb, "What if I am? It's not a crime is it?"

'Bob hyn a hyn roedden nhw'n cael seibiant o'r perfformans hyn ac yn dechrau'n sarhau fi a phobol roeddwn i'n nabod. Dwi'n cofio Stuart Lewis yn dweud bod y Mudiad Gweriniaethol yn llawn o bobol hoyw. "Of course Griffiths here, I reckon he's a bit of a shirt lifter himself, sir". A dwi'n cofio Smith yn troi ato fe'r tro hwn ac yn dweud, "Don't be so fucking stupid!" Mae'n debyg eu bod nhw'n disgwyl fy hala fi'n grac trwy ddweud pethau fel hyn ond roedd e mor blentynnaidd, roeddwn i'n chwerthin i mi fy hunan.'

Wedyn fe ddigwyddodd un arall o'r pethau anffodus, o safbwynt yr heddlu, oedd i gyfrannu at danseilio achos yr erlyniad.

'Ar ôl mynd yn ôl i'r gell fe ges i afael ar ddarn o'r *Western Mail* ac roedd un o'r plismyn wedi cael pensel imi i wneud y croesair. Roedd un dudalen sengl yn y papur ac fe gadwais i honno a sgrifennu rownd yn y lle gwag ar ymyl y dudalen. Fe gofnodais i bopeth roeddwn i'n ei gofio am y "cyfweliad" a chuddio'r darn papur mewn poced fach gudd y tu mewn i boced fy jeans. Fe roddais weddill y papur yn ôl iddyn nhw ar ôl gwneud sioe o wneud y croesair – rwy'n casáu croeseiriau!

'Roedd Stuart Lewis yn galw heibio'r gell yn aml i geisio 'mherswadio i wneud "deal" gyda'r heddlu. "You're going to get some fearful welly," oedd ei ddywediad mawr e. Doedd dim rhaid i mi ddweud mai fi oedd wedi gosod y bom ym Mhontypridd, dim ond enwi pobol eraill oedd wedi gwneud, a rhoi rhyw ran fach i mi fy hunan. Ond yn ystod hyn i gyd fe roddodd e *chewing gum* i mi. Ac fe ddefnyddiais y papur i wneud rhagor o nodiadau am bopeth oedd wedi digwydd.

'Ar ôl 48 awr fe ddaeth fy nghyfreithiwr, Jonathan Evans, i mewn i orsaf yr heddlu. Fe ddwedais wrtho nad oeddwn i wedi cyfadde dim byd, a 'mod i wedi gwrthod bwyta nac yfed o ran protest yn erbyn y ffordd roeddwn i'n cael fy nhrin. Cyn imi weld Jonathan Evans roedd yr heddlu wedi fy chwilio fi, ond doedden nhw ddim wedi dod o hyd i'r ddau ddarn papur yn y boced fach. Felly er mawr ryddhad roeddwn i'n gallu rhoi'r adroddiad i'r cyfreithiwr. Roedd Jonathan wedyn yn gallu mynd at y plismyn a dweud nad oeddwn i wedi cyfaddef dim byd a bod gen i adroddiad ysgrifenedig o bopeth oedd wedi digwydd. Roedden nhw mewn panic, heb syniad beth i'w wneud. Erbyn i'r dystiolaeth gael ei pharatoi ar gyfer yr achos roedd rhywfaint o gynnwys y cyfweliad ffug yn dal yno, ond yn fersiwn llawer llai niweidiol i mi na'r hyn oedd yn cael ei fwriadu ar y dechrau.'

Yr unig honiad o bwys yn erbyn Robert Griffiths bryd hynny oedd ei fod wedi helpu Dafydd Ladd i osgoi cael ei arestio ac yntau'n gwybod fod gan Ladd ffrwydron yn ei feddiant. Roedd y cofnod o'r 'cyfweliad' yn nodi, nid yn unig ei fod wedi cyfaddef rhoi lifft i Ladd i dŷ 'diogel' ond iddo ychwanegu, yn gyfleus iawn, bod Ladd wedi dweud wrtho bod ganddo ffrwydron. Dri mis wedyn cafodd ei gyhuddo hefyd o gynllwyn ac o helpu i osod y bom yn swyddfa'r fyddin ym Mhontypridd. Yr honiad oedd ei fod wedi penderfynu cyfaddef hynny o'i wirfodd i Stuart Lewis, 'that most sympathetic of interviewers', fel y disgrifiwyd o gan fargyfreithiwr Griffiths, Patrick O'Connor.

Roedd fersiwn Stuart Lewis o'r stori wrth y rheithgor yn hollol wahanol. 'This,' meddai am adroddiad Robert Griffiths o'r hanes 'is a complete and utter fabrication.' Erbyn diwedd yr achos roedd wedi dweud y frawddeg honno mor aml a gyda'r fath argyhoeddiad nes i'r rheithwyr a phawb arall ddod i gredu ei fod yn dweud mwy o wir nag oedd yn ei fwriadu.

* * *

Roedd rhywun yn cael yr argraff yn y llys bod Robert Griffiths yn mwynhau pob eiliad o'r croesholi gan yr erlynydd Gareth Williams. Roedd yn sicr o'i bethau ac yn annhebygol o gael ei wthio i ddweud pethau nad oedd wedi bwriadu eu dweud. Cafodd yntau ei holi'n gymaint am ei ddaliadau ag am ei symudiadau. Pam ei fod o wedi bod yn coffáu'r ddau a laddwyd gan eu bom eu hunain yn Abergele yn '69? 'Rwy'n ystyried '69 yn flwyddyn o sarhad cenedlaethol i bobl Cymru ac yn parchu cymhellion y ddau a chwythodd eu hunain i fyny.' Oedd o'n cytuno â chymal ym mholisi'r Mudiad Gweriniaethol oedd yn addo 'cefnogaeth ddiamod i'r frwydr yn Iwerddon?' Y tro hwnnw ceisiodd ymhelaethu ar ei safbwynt, a chael gorchymyn i ateb 'Ydw' neu 'Nag ydw'. 'Dwi ddim yn credu ei bod hi'n bosibl crynhoi mewn un gair fy agwedd at frwydr sydd wedi parhau am saith can mlynedd,' meddai.

Unwaith neu ddwy roedd y Barnwr fel pe bai'n teimlo fod Robert Griffiths yn mynd dros ben llestri. 'Yn wahanol i swyddogion yr heddlu does dim rhaid i mi fod yn gaeth i fy sgript,' meddai unwaith. 'Does dim angen ichi wneud unrhyw sylwadau,' meddai'r Barnwr. 'Rhowch eich tystiolaeth, dyna i gyd.'

Bu cryn dipyn o drafod ar y ffordd yr oedd Robert Griffiths wedi bod yn herio'r heddlu am flynyddoedd, gan gynnwys y digwyddiad hwnnw gyda'r heddlu cudd a'u myfyrwyr ym Mhontypridd. Dadl yr amddiffyniad oedd bod digwyddiadau fel hyn yn cythruddo'r plismyn a'u gwneud yn benderfynol o ddod â rhyw gyhuddiad yn erbyn rhywun oedd yn eu plagio mor agored.

Chwaraewyd tâp sain yn y llys o sgwrs rhwng Griffiths a rhywun anhysbys ar y ffôn.Yn ôl yr amddiffyniad roedd yn un o dair galwad fygythiol, ddi-enw, na allent fod wedi cael eu gwneud gan neb ond un o'r plismyn oedd ar ei ôl. Roedd y drydedd alwad yn Gymraeg, a'r neges oedd: 'Mae John Jenkins gyda ni. Ti fydd nesa.' Cafodd ei arestio ddeuddydd wedyn.

Roedd Robert Griffiths wedi llwyddo i recordio'r ail alwad ar gasét, a honno gafodd ei chwarae yn y llys. Roedd yr alwad wedi ei gwneud ychydig oriau ar ôl i'r diffynnydd arall, Brian Rees, fynd â phlismyn i weld y pecyn ffrwydron yng nghoedwig Ogwr. Y sgwrs ar y tâp oedd:

–Hello – Robert Griffiths?
–Yes, who's speaking?
–A friend.
–Yes.
–Just referring to that phone call the other night.
–O yes, yes officer, what can I do for you?
–Rees has taken them to a package.
–Is that correct. I don't even know what you're talking about.
 Could you carry on?

A rhoddwyd y ffôn i lawr.

Dadl Robert Griffiths oedd na allai neb ond yr heddlu fod wedi gwneud yr alwad, gan wybod am y datblygiad yng nghoedwig Ogwr. Ond roedd yr erlyniad yn dadlau bod Griffiths wedi trefnu i rywun ei ffonio fel y gallai yntau roi'r bai ar yr heddlu. Roedd yr arbenigwyr fforensig wedi astudio darn o bapur o dŷ Robert Griffiths, ac wedi gweld olion cofnod yn ei lawysgrifen o eiriau'r alwad ffôn. Bu'n fater o daeru wedyn a oedd y sgript wedi ei pharatoi ar gyfer y 'ffrind' oedd i'w ffonio, fel y mynnai'r erlynydd, neu'n nodyn y gallai Griffiths fod wedi ei wneud o'r sgwrs ar ôl ei recordio.

'Fe fyddwn i'n hapus iawn i'r tâp gael ei archwilio gan arbenigwr ac i'r llais gael ei gymharu â lleisiau unrhyw un o fy ffrindiau,' meddai Robert Griffiths wrth y llys. 'Byddai'n ddiddorol hefyd ei gymharu â lleisiau pob un o'r plismyn oedd gyda Brian Rees yng Nghoedwig Ogwr neu yng ngorsaf heddlu Rhymni y diwrnod hwnnw.'

Dywedodd y Barnwr nad oedd y tâp, beth bynnag oedd ei darddiad, yn berthnasol iawn i ddyfarniad y rheithwyr. Beth bynnag am hynny roedd yn gameo diddorol arall yn y ddrama.

* * *

Gan fod cymaint yn dibynnu ar air Robert Griffiths yn erbyn gair yr heddlu roedd yn bwysig cael rhywun o sylwedd i dystio i'w gymeriad. Allai'r amddiffyniad ddim dymuno cael neb gwell i wneud hynny na Mrs Sephora Davies o Ferthyr. Hi oedd gweddw S.O.Davies, yr Aelod Seneddol oedd wedi treulio talp da o'i oes hir yn cynrychioli Merthyr, yn gyntaf fel Aelod Llafur ac wedyn yn Llafur Annibynnol. Roedd Robert Griffiths wedi ysgrifennu cofiant iddo ar ôl ei farw, ac wedi dod i adnabod Mrs Davies yn dda. Roedd y llyfr newydd ei gyhoeddi adeg yr achos.

Dywedodd yr hen wraig urddasol wrth y llys: 'Roeddwn i'n ymddiried yn Robert Griffiths yn llwyr, ac fe gafodd hynny ei gyfiawnhau. Roedd ei ymchwil e'n gywir, yn drylwyr ac yn gydwybodol. Dyna'r unig ffordd rwyf i wedi'i weld e.'

Pennnod 12

ANRHEG NADOLIG YN Y COED

Mae'n siŵr bod cyrraedd y dystiolaeth yn erbyn Brian Mostyn Rees yn rhyddhad mawr i'r erlyniad a'r heddlu. Beth bynnag fyddai dyfarniad y rheithwyr ynglŷn â'r lleill, allai neb wadu bod y diffynnydd hwn wedi mynd â phlismyn i goedwig Ogwr a dangos pecyn o ffrwydron oedd wedi eu cuddio. Yr unig amheuaeth oedd pwy oedd wedi'u rhoi iddo, ac i ba bwrpas. Ynglŷn â'r ddau gwestiwn hwnnw doedden ni ddim callach ar ddiwedd yr achos nag ar y dechrau. Ond byddai wedi bod yn anodd iawn i'r rheithwyr beidio'i gael yn euog o fod â'r ffrwydron yn ei feddiant. Felly, ar gyfnod diffaith i'r heddlu yn eu hymholiadau i'r bomiau, ac wedyn pan oedd eu tystion yn cael amser caled yn y llys, mae'n rhaid bod y pecyn bach hwnnw yn y goedwig fel manna o'r nefoedd.

Beth byddag ydi syniad rhywun am derfysgwyr, mae'n anodd meddwl am Brian Rees fel un o'r frawdoliaeth. Adeg yr achos roedd yn 30 oed a newydd symud yn ôl i'w hen gartref ym Mhen-y-bont ar ôl bod yn gweithio fel cynllunydd systemau cyfrifiadurol yn Llundain. Roedd ganddo radd mewn seicoleg o Brifysgol Llundain. Roedd yn aelod o Blaid Cymru ers pedair blynedd a hefyd wedi bod yn aelod, er nad yn dal unrhyw swydd, yn y Mudiad Gweriniaethol. Ei gyfraniad mwyaf nodedig oedd cael ei frathu gan un o gŵn yr heddlu noson rali Dic Penderyn ym Merthyr. Mewn fan heddlu ar y ffordd i'r ysbyty yr oedd wedi cyfarfod â'i gyd-ddiffynnydd Adrian Stone am y tro cyntaf.

Dywedodd wrth y llys nad oedd erioed wedi gosod unrhyw ddyfais ffrwydrol wrth ei gilydd, na fu erioed yn agos at unrhyw un o'r 13 lleoliad lle'r oedd bomiau wedi'u gosod, ac na fu erioed yn aelod o WAWR.

Roedd wedi cael ei arestio ym Mehefin 1982 pan oedd yn ei wely yn fflat ei gariad yn Llundain. Daeth chwech neu saith o blismyn at y drws ben bore, a chwilio'r fflat o'r top i'r gwaelod. Y diwrnod wedyn roedd yn cael ei yrru yng nghar yr heddlu i Gaerdydd. Yn ôl ei dystiolaeth ei hun roedd wedi cael ei holi a'i fygwth am dridiau heb weld cyfreithiwr, gyda'r sicrwydd y byddai hynny'n parhau nes iddo gyfaddef i rywbeth. Y bonws annisgwyl i Stuart Lewis a'i gyd-swyddogion oedd cael eu harwain i goedwig Ogwr. Roedd Rees wedi dringo i ben wal a phwyntio i ganol y coed. Wrth gloddio fe ddaeth yr heddlu o hyd i focs plastig oedd yn cynnwys gwifrau melyn, bag polythene yn cynnwys cymysgedd o sodium clorad a siwgr, a dau o'r tanyddion Cook's Number 6, yr un math yn union â'r rhai roedd Dafydd Ladd wedi'u dangos i'r heddlu yng Nghastell Coch, a'r rhai oedd wedi cael eu canfod yn chwech o'r dyfeisiadau oedd yn sail i'r achos cynllwynio.

* * *

'Pwy wnaeth yr alwad ffôn?' meddai'r bargyfreithiwr Roger Thomas, oedd yn cynrychioli Brian Rees. Ar ôl eiliadau hir o ddistawrwydd atebodd Rees, 'Wyndham Francis.' Roedd hi'n bnawn Gwener, diwrnod 34 yn yr achos, ac fel y dywedodd y Barnwr wrth grynhoi'r dystiolaeth, yn un o'r eiliadau mwyaf dramatig.

Mewn datganiad i'r heddlu roedd Brian Rees wedi dweud mai ei gyd-ddiffynnydd Dafydd Ladd oedd wedi rhoi'r defnyddiau iddo a gofyn iddo'u cuddio. Yn y llys fe newidiodd ei stori. Roedd ei ffrind Wyndham Francis wedi ei ffonio yn ei swyddfa a gofyn iddo'i gyfarfod mewn maes parcio, meddai. Roedd Francis wedi rhoi bagiau plastig iddo a gofyn iddo gael gwared â nhw. Yn ei fflat yn Lewisham roedd wedi astudio'r cynnwys a dod i'r casgliad mai defnyddiau ffrwydrol oedden nhw. Roedd wedi ystyried eu taflu i sgip ar waelod y ffordd, ond roedd arno ofn iddyn nhw ffrwydro ac anafu rhywun. Roedd yn arfer cerdded dros afon Tafwys ddwywaith bob diwrnod ac wedi ystyried taflu'r pecyn i'r dŵr. Ond roedd yr afon dan ddylanwad y llanw ac roedd perygl i'r pecyn gael ei olchi i'r lan. Dyna pam yr oedd wedi prynu bocs plastig yn Woolworths yn Oxford Street, wedi pacio'r defnyddiau yn dynn y tu mewn, a lapio'r cyfan mewn papur Nadoligaidd a rhubanau er mwyn gwneud iddo edrych yn ddiniwed. Roedd wedi mynd â'r 'anrheg Nadolig' i Gymru yn ei gar ym mis Mai, a'i gladdu yn y goedwig ger ei gartref lle'r oedd wedi arfer cerdded yn blentyn. Doedd neb arall yn gwybod ble'r oedden nhw wedi'u claddu, a doedd ganddo ddim bwriad iddyn nhw byth gael eu codi.

Mr Ustus Farquharson ei hun ofynnodd i Rees pam ei fod wedi petruso mor hir cyn enwi Wyndham Francis fel y dyn oedd wedi rhoi'r ffrwydron iddo. Atebodd Rees ei fod wedi bod yn poeni am fisoedd ynglŷn ag enwi ffrind. Roedd wedi penderfynu gwneud hynny yn y diwedd o ran tegwch â Dafydd Ladd ac â Francis ei hunan.

Y dydd Llun canlynol roedd tro rhyfeddol arall yn y ddrama. Pwy ymddangosodd i roi tystiolaeth ond Wyndham Francis ei hun. 'Cymro Llundain canol oed, digon porthiannus yr olwg' oedd fy nisgrifiad ohono ar y pryd. Dywedodd ei fod yn ffrind agos i Brian Rees, yn aelod o gangen Plaid Cymru yn Llundain a chyn-aelod o'r Mudiad Gweriniaethol. Roedd yntau wedi cael ei holi gan yr heddlu yr adeg y cafodd Brian Rees ei arestio. Roedd wedi ymweld â Rees deirgwaith yn y carchar yng Nghaerdydd. Ond fe wadodd yn bendant mai fo oedd wedi rhoi'r ffrwydron i Brian Rees.

Yr un diwrnod fe ymddangosodd tyst annisgwyl arall yn y llys. Dwedodd Dr Sian Caiach ei bod hi'n gweithio yn yr adran ddamweiniau yn yr Ysbyty Brenhinol yng Nghaerdydd. Y nos Fawrth flaenorol roedd hi wedi cyfarfod Brian Rees, oedd yn ffrind iddi, mewn tafarn yng Nghaerdydd. Roedd o'n poeni wedi i'w fargyfreithiwr ddweud wrtho y gallai fod yn wynebu 10 mlynedd o garchar. Roedd Rees yn meddwl y gallai'r ddedfryd fod yn llawer ysgafnach os gallai gael ffrind i ddweud ei fod wedi rhoi'r ffrwydron iddo i gael gwared â nhw. Dim ond

48 awr o anghyfleustra fyddai hynny'n ei olygu i'r ffrind. Roedd wedi gofyn i Dr Caiach fynd i Lundain i gyfarfod Wyndham Francis, oedd yn ffrind i'r ddau, a gofyn a fyddai'n fodlon gwneud hynny.

Roedd Dr Caiach wedi mynd i Lundain drannoeth i siarad â Wyndham Francis, oedd yn fodlon teithio gyda hi i Gaerdydd. Mewn cyfarfod yn nhafarn y Rummer ger y castell roedd y ddau wedi cyfarfod Brian Rees, a dweud wrtho eu bod nhw'n meddwl bod y cynllun yn un hurt. Cafwyd awgrym yn ystod y croesholi nad oedd y trafodaethau i gyd yn rhai boneddigaidd, a bod Wyndham Francis wedi cyhuddo Brian Rees o fod yn 'slimy supergrass' os byddai'n ei enwi.

Ar ôl enwi Wyndham Francis y diwrnod wedyn roedd Brian Rees wedi siarad â Sian Caiach ar y ffôn. Roedd wedi dweud ei fod yn gofidio iddo enwi ei ffrind ond ei fod dan bwysau ac yn teimlo nad oedd ganddo lawer o ddewis. Chawson ni erioed wybod o ble y cafodd Brian Rees ei ffrwydron.

Yr hyn oedd yn fwy damniol iddo yn y pen draw oedd bod y ffrwydron wedi eu pacio mewn bocs oedd yn eu cadw'n sych, prawf meddai'r erlyniad o fwriad iddyn nhw gael eu defnyddio. Roedd y bocs hwnnw o Woolworths yn un o'r pethau a yrrodd Brian Rees, oedd mor annhebyg i derfysgwr, i dreulio cyfnod yn Dartmoor ymysg rhai o derfysgwyr mwyaf peryglus y Deyrnas.

DI-EUOG

Roedd 'na 56 diwrnod wedi mynd heibio a chyfrolau maith o dystiolaeth wedi eu gwyntyllu cyn i Gareth Williams QC ddechrau crynhoi achos yr erlyniad, gorchwyl a'i cadwodd ar ei draed am bron i dridiau. Yr her iddo fo oedd ceisio cau rhai o'r tyllau oedd wedi ymddangos yn achos yr erlyniad, cyn i'r amddiffynwyr ddechrau colbio eto i wneud y tyllau hynny'n fwy. Ar ôl pwysleisio eto na fyddai neb yn cael ei gosbi am ei ddaliadau gwleidyddol aeth ymlaen i sôn am rai o'r daliadau hynny. Os oedd Nicholas Hodges wedi rhoi llawer o dystiolaeth am ei weithgareddau gwleidyddol, onid oedd hi'n iawn i'r rheithwyr gael edrych ar gofnodion Mudiad Gweriniaethol Sosialaidd Cymru oedd wedi cael eu cadw ganddo?

Roedd yn amlwg bod Robert Griffiths wedi creu argraff ar Mrs Sephora Davies. Ond roedd yn bwysig i'r rheithwyr gymharu hynny â'r hyn roedd Griffiths wedi'i ddwedud am losgi tai haf ar y rhaglen *Nationwide*, oedd yn ddarlun hollol wahanol.

Cyhuddodd yr erlynydd Brian Rees o ddweud celwydd ynglŷn â'r tanyddion a gladdwyd yn y goedwig. Gallai'n hawdd fod wedi cael gwared â nhw yn Llundain, meddai. Doedden nhw ddim llawer mwy na phâr o glustdlysau. Y tebygrwydd oedd bod Rees wedi eu claddu yng Nghymru er mwyn i WAWR gael eu defnyddio ar gyfer rhagor o ffrwydradau er mwyn talu'n ôl, wedi i nifer o'u haelodau gael eu harestio.

Pan ddaeth i drafod achos Adrian Stone a'r powdr gwyn yn y goblet, aeth hynny'n ormod i'r diffynnydd. Roedd Mrs Stone, mam Adrian, yn bresennol pan oedd yr heddlu wedi canfod y powdr, meddai'r erlynydd. Os oedd yr amddiffyniad yn honni mai'r plismyn oedd wedi ei osod yno pam nad oedd hi wedi cael ei galw i roi tystiolaeth? 'Roedd hynny am bod fy mam yn rhy wael i roi tystiolaeth,' gwaeddodd Adrian Stone ar ei draws.

'Fe allai fod wedi llewygu yr un fath â Mrs Hodges wrth gael ei chroesholi.' Rhybuddiodd y Barnwr y byddai'n cael ei gadw yn y ddalfa os byddai'n tarfu wedyn ar y llys. Ond dywedodd wrth y rheithwyr am anwybyddu'r ebychiad o gofio bod y diffynnydd wedi bod yn y llys am amser maith ac o dan lawer o straen.

Daeth ymyrraeth debyg oddi wrth Nicholas Hodges pan oedd ei achos yn cael ei drafod. Doedd ei frawd ddim wedi cael ei alw fel tyst alibi ynglŷn â symudiadau Nicholas y noson y gosodwyd bom yn swyddfeydd y Gorfforaeth Ddur meddai'r erlynydd. 'Mae hynny am nad yw e'n cofio,' gwaeddodd Hodges ar ei draws.

Wedyn daeth cyfle'r bargyfreithwyr i atgoffa'r rheithgor o'r bylchau yn nhystiolaeth yr erlyniad. Yn ôl Martin Stephens, yr unig dystiolaeth oedd yn aros yn erbyn Adrian Stone oedd marciau ar fapiau o Lundain, a chyfaddefiad honedig. Pa help ar y ddaear i fomiwr fyddai smotyn ar fap, a hwnnw ganllath oddi wrth y targed?

Roedd yn bwysig cofio bod plismyn yn fodau dynol, cyffredin, meddai. 'Weithiau maen nhw'n gwneud camgymeriadau. Weithiau maen nhw'n anonest. Mae ganddyn nhw gyfrifoldeb aruthrol. A weithiau maen nhw'n crwydro oddi ar y llwybr cywir yn eu penderfyniad i gael rhywun yn euog.' Wrth sôn am y dystiolaeth yn erbyn Nicholas Hodges roedd ei fargyfreithiwr, Roderick Price, yn fwy penodol. Roedd tri swyddog uchel, Rickerby, Lewis a Smith, wedi cynllwynio gyda'i gilydd i wneud cofnod ffug o gyfweliad, ac roedd hynny'n fater difrifol iawn, meddai.

Treuliodd Michael Mansfield, ar ran Dave Burns, lawer o'i araith yn dirmygu rhan y rhaglen *Nationwide* yn yr achos. Doedd dim cyfiawnhad dros ei chynnwys fel tystiolaeth, gan na ddylai Bwthyn Pentop fod ar y rhestr ddigwyddiadau. Ond roedd y rhaglen wedi codi cywilydd ar yr heddlu oherwydd eu hanallu i gyhuddo neb o losgi tai haf. 'Roedd criw camera o Lundain oedd newydd bicio dros Bont Hafren i Gaerdydd wedi achub y blaen arnyn nhw.'

Y mwyaf dirmygus oedd Patrick O'Connor ar ran Robert Griffiths. Roedd ei gleient yn un o nifer oedd wedi cael rhyw awydd anesboniadwy i gyfaddef, 'an unaccountable urge to confide, born of penitence and remorse, to that most sympathetic of interviewers, Mr Lewis'. Roedd yn bosibl fod y plismyn wedi ymddwyn yn onest ac yn deg mewn llu o achosion eraill. Ond doedd yr arfer o gamliwio tystiolaeth yn erbyn diffynyddion yn ddim byd newydd ymysg yr heddlu. 'It's as old as the hills, if the officer will forgive me.' Yr Uwcharolygydd Raymond Hill oedd pennaeth yr ymchwiliad.

* * *

Roedd hi'n fore Llun ar y nawfed wythnos erbyn i'r Barnwr ddechrau crynhoi'r achos. Bu wrthi'n solet tan y nos Iau, cyn rhoi diwrnod o wyliau haeddiannol i bawb ar y dydd Gwener. Ei gyngor cyntaf i'r rheithwyr oedd iddyn nhw ystyried y cyhuddiad penodol neu sylweddol yn erbyn pob diffynnydd yn gyntaf, a defnyddio hynny i'w helpu i benderfynu a oedden nhw'n euog o gynllwyn. Os oedden nhw'n cael Hodges, Burns a Griffiths yn euog o osod bomiau, roedd hynny'n dystiolaeth weddol dda eu bod nhw'n rhan o drefniant ymlaen llaw i wneud hynny. Ond os nad oedden nhw'n euog o'r weithred, go brin y gellid eu cael nhw'n euog o gynllwyn. Pe byddai'r rheithwyr yn cael Stone a Rees yn ddi-euog o fod â ffrwydron yn eu meddiant roedden nhw bron yn sicr o fod yn ddi-euog o gynllwyn hefyd. Ond yn eu hachos nhw doedd y gwrthwyneb ddim o angenrheidrwydd yn wir.

Rhan fwyaf arwyddocaol yr araith oedd yr un yn delio â Nicholas Hodges a'i 'gyfaddefiad'. Wrth benderfynu pa un ai Hodges ynteu'r plismyn oedd yn dweud y gwir, cyngor y Barnwr oedd ar i'r rheithwyr geisio barnu'r cymeriadau. Roedd Hodges yn edrych yn ddyn huawdl iawn yn y llys. Ond yn y llys roedd yn cael ei warchod. Gallai pethau fod yn wahanol iawn yn swyddfa'r heddlu ar eich pen eich hun. Oedd ei atebion i gwestiynau'r heddlu yn rhai cywir, ynteu a oedd Hodges wedi cael ei orfodi i'w dweud? 'Mae llawer iawn o bobl wedi bod yn ein twyllo os yw Hodges yn dweud y gwir.'

* * *

Ar ôl anfon y rheithwyr allan ar fore Llun, Tachwedd 14, roedd gan y Barnwr ddau orchwyl. Y cyntaf oedd dedfrydu Dafydd Ladd, oedd wedi pledio'n euog o fod â ffrwydron yn ei feddiant gyda'r bwriad o wneud difrod i fywyd neu eiddo. Gofynnodd ei fargyfreithiwr, Rock Tansey, am i Ladd gael ei drin yn drugarog. Ni fyddai bomiwr caled a phrofiadol byth wedi mynd i ddangos y ffrwydron i'r heddlu, meddai. Roedd tystiolaeth gref nad oedd gan Ladd ran bwysig mewn unrhyw ymgyrch fomio. Dywedodd y Barnwr y dylai Ladd, gyda'i record flaenorol, wybod yn well na neb fod y bomiau'n debygol o ladd pobl neu eu hanafu'n ddifrifol. Peth hurt – 'grotesque' – fyddai honni bod y bomwyr yn gweithredu er mwyn pobl Cymru. Ond er bod y ddedfryd fwyaf y gallai ei osod yn 14 blynedd, roedd yn cymryd i ystyriaeth fod Ladd wedi pledio'n euog ac wedi helpu'r heddlu. Y ddedfryd oedd naw mlynedd o garchar am y ffrwydron, a dedfrydau byrrach, i gyd-redeg, ar gyhuddiadau'n ymwneud â'i basport ffug.

Wedyn, mewn achos hollol wahanol, aeth y Barnwr ati i ddedfrydu'r cyn-fomiwr John Jenkins, oedd wedi pledio'n euog o helpu Dafydd Ladd i osgoi cael ei arestio. Roedd wedi trefnu 'tŷ diogel' i Ladd gael aros pan oedd yr heddlu'n chwilio amdano. 'Wnes i ddim byd ond dangos ychydig dosturi tuag at hen ffrind am ychydig ddyddiau,' meddai Jenkins wrth yr heddlu. Roedd cred gyffredinol bod y ddedfryd o ddwy flynedd braidd yn llym.

* * *

Hyd yn oed i rywun heb gysylltiad uniongyrchol ag achos, mae'r tensiwn yn annioddefol wrth i reithwyr ddod yn ôl i'r llys a'r stafell yn ymdawelu. Mae dipyn yn waeth na hynny i rai sydd yn y doc, gan bod y gair bach 'Di' o flaen 'Euog' neu 'Not' o flaen 'Guilty' yn ddigon i wneud gwahaniaeth rhwng croeso arwrol gan deulu a chefnogwyr ar y stryd neu ddiflannu am flynyddoedd i gell. Merch ifanc benfelen, fywiog, oedd llefarydd y rheithwyr yn yr achos hwn. Ac fel roedd rhaglen newyddion *Cyn Un* yn dechrau ar Radio Cymru fe gyhoeddodd bod Adrian Stone, David Burns a Robert Griffiths yn ddi-euog o bob cyhuddiad yn eu herbyn.

Hwyrach mai dim ond newyddiadurwyr sy'n deall yr awydd plentynnaidd i gael stori allan o flaen pawb arall. Ond o'm safbwynt i roedd amseriad y rheithwyr yn berffaith. Doedd ffonau symudol ddim wedi cyrraedd bryd hynny. Felly mi ruthrais allan o'r llys ac i giosg lle'r oedd fy nghydweithiwr Aled Gwyn yn dal y drws yn agored ac wedi cysylltu'n barod â stiwdio'r BBC. Â 'ngwynt yn fy nwrn, llwyddais i dorri'r newydd yn ddigon carbwl mewn sgwrs â'r cyflwynydd, y diweddar Ifan Wyn Williams.

Erbyn y noson honno roedd Nic Hodges hefyd yn rhydd, yn ddi-euog ar bob cyhuddiad. Yr unig un a gafwyd yn euog oedd Brian Rees. Roedd yntau, fel y lleill, yn ddi-euog o gynllwyn, ond yn euog o fod â defnyddiau ffrwydrol yn ei feddiant gyda bwriad iddynt gael eu defnyddio. Wrth ei ddedfrydu drannoeth dywedodd y Barnwr fod y ddedfryd uchaf y gallai ei rhoi yn garchar am oes. Ond doedd o ddim yn meddwl bod gan Rees unrhyw fwriad i ddefnyddio'r ffrwydron ei hun. 'Humble conscript' oedd Rees yn ôl ei fargyfreithiwr Roger Thomas. Doedd o ddim hyd yn oed yn wirfoddolwr. Roedd ganddo fwy i'w golli, ac roedd wedi colli mwy, na'r diffynyddion eraill. Roedd wedi cael ei adael ar ei ben ei hun yn y maes ar ôl i bawb arall ffoi. Y ddedfryd oedd tair blynedd o garchar.

Pennod 14

UN DYN BACH YN ÔL

Ym Mawrth 1986 roedd llawer o'r un wynebau, f'un innau yn eu plith, yn ôl yn Llys 5. Dim ond un oedd yn y doc y tro hwnnw, y mab afradlon Gareth Westacott wedi dod yn ôl. Yn ei ôl o ble, chafodd neb wybod yn swyddogol. Ond doedd gan ei ffrindiau ddim llawer o amheuaeth. Byddai'n syndod pe bai'r chwaraewr mandolin oedd yn gwirioni ar gerddoriaeth Geltaidd wedi colli cyfle i ymweld â'i gefndryd ysbrydol yn Iwerddon neu Lydaw.

Un o Dredegar yn Sir Fynwy yw Gareth Westacott ac fe ddysgodd Gymraeg mewn dosbarth nos. Er iddo gael ei hyfforddi fel athro yng Nghaerfyrddin roedd yn gweithio fel gofalwr yn yr Amgueddfa Werin yn Sain Ffagan cyn ei ddiflaniad. Roedd yn 29 oed adeg yr achos cynllwynio gwreiddiol. Roedd ei ddiflaniad cyn yr achos hwnnw yn syndod i'w gyd-ddiffynyddion. 'Fe fydden ni'n meddwl taw Gareth fyddai'r olaf i ddiflannu,' medd Adrian Stone. 'Fyddai dim rhaid i neb chwilio lawer pellach na Chlwb Ifor Bach!'

Doedd hi ddim yn hawdd chwaith meddwl amdano fel y mwyaf addawol o wneuthurwyr bomiau. Roedd yn fwy o freuddwydiwr, a'i fyd yn troi o gwmpas cerddoriaeth werin. Pan oedd yn y carchar am naw mis heb fechnïaeth fe wnaed cais i Ysgrifennydd Cymru am iddo gael mandolin yn ei gell. Gwrthodwyd hynny ond fe lwyddodd rhywun i smyglo organ geg iddo. Pan aeth swyddogion i chwilio am darddiad y gerddoriaeth oedd yn atseinio trwy'r carchar fe lwyddodd i guddio'r offeryn mewn twll yn y wal.

Yn ystod y ceisiadau am fechnïaeth fe gynigiwyd meichiau o £37,000 ar ei ran. Pan gafodd fechnïaeth yn y diwedd fe ddwedwyd wrtho nad oedd angen yr arian hwnnw. Felly doedd neb wedi colli'r un ddimai oherwydd ei ddiflaniad.

Yn Ionawr 1985 roedd wedi cerdded o'i wirfodd i swyddfa'r

heddlu yng Nghaerdydd a'r tro hwnnw, yn ddigon dealladwy, doedd dim mechnïaeth i'w chael. Roedd felly wedi treulio cyfanswm o flwyddyn yn y carchar erbyn i'w achos ddechrau ym Mawrth 1985. Roedd y cyhuddiad gwreiddiol o gynllwynio wedi ei ollwng erbyn hyn, ond roedd yn dal i wynebu cyhuddiad o fod wedi gosod y bom yn swyddfa recriwtio'r Fyddin ym Mhontypridd, ac o dorri ei fechnïaeth.

Y dystiolaeth yn ei erbyn oedd cyfaddefiad y dywedwyd ei fod wedi ei wneud i'r Ditectif Ringyll Stuart Lewis, oedd erbyn hyn wedi cael ei ddyrchafu'n Dditectif Arolygydd. Roedd Westacott, fel Nic Hodges, wedi llofnodi'r cyfaddefiad. Ond dywedodd wrth y llys ei fod wedi cael ei orfodi i wneud hynny ar ôl i blismyn ei daro, bygwth ei symud i Lundain, a bygwth arestio'i gariad a'i dad. Roedd yn fodlon gwneud unrhyw beth er mwyn dod â hynny i ben, meddai.

Roedd y Barnwr yn un gwahanol y tro hwn ond yr un oedd ei neges i'r rheithwyr. 'Mae'n rhaid ichi benderfynu pwy sy'n dweud y gwir,' meddai. A fyddai Westacott wedi cyfaddef i rywbeth nad oedd wedi'i wneud?

Cafwyd Gareth Westacott hefyd yn ddi-euog. Ond bu raid iddo dalu dirwy o £100 am dorri ei fechnïaeth.

Gofynnais iddo ar y pryd a oedd o'n edifar iddo ddiflannu cyn yr achos gwreiddiol. 'Wrth edrych yn ôl mae'n anodd dweud. Ar y pryd, ar ôl treulio deg mis yn y carchar, doeddwn i ddim yn teimlo 'mod i'n barod yn emosiynol a seicolegol ar gyfer achos hir fel yr achos cynta. Rwy'n teimlo'n chwerw iawn am yr hyn sydd wedi digwydd.'

* * *

Mae Adrian Stone a finnau'n eistedd mewn tafarn yng nghysgod y Gyfnewidfa Lo yn nociau Caerdydd. Yr adeilad hwnnw fyddai wedi bod yn gartref i'r Cynulliad Cenedlaethol pe bai pobl Cymru wedi pleidleisio drosto yn '79. Mewn swyddfa yn yr adeilad hwnnw y mae Adrian yn gweithio, ac mae digwyddiadau'r blynyddoedd wedi'r refferendwm yn dal yn rhan weddol ganolog o'i fywyd. Mae'r carchar a'r achos wedi gadael eu creithiau, ac mae'n dal i frwydro am iawndal am gael ei garcharu ar gam.

'Allwn i ddim cael gwaith am bum mlynedd ar ôl yr achos. Roeddwn i'n bwriadu ymuno â'r Fyddin. Ond fydden nhw byth yn fy nerbyn ar ôl hyn. Wedyn roeddwn i'n gobeithio cael gwaith lle byddwn i'n defnyddio fy mhrofiad mewn Cemeg. Ond roedd hynny mas o'r cwestiwn ar ôl yr holl gyhoeddusrwydd.

'Roedd fy nheulu bob amser yn dweud nad oeddwn i ddim yr un person wedyn ag oeddwn i cynt. Ar y pryd roeddwn i'n mynd i briodi ond fe gwympodd hynny drwodd. Dwi ddim yn meddwl y galla i byth ddal swydd go iawn gan 'mod i'n gallu colli 'nhymer gyda phobol.'

Mae'n weithgar y dyddiau hyn mewn mudiad o'r enw MOJO (Miscarriages of Justice Organisation) a sefydlwyd gan Paddy Joe Hill, un o'r Birmingham Six, a Michael O'Brien, un o'r tri a dreuliodd 11 mlynedd yn y carchar ar ôl eu cyhuddo ar gam o lofruddio'r gwerthwr papurau newydd Philip Saunders yng Nghaerdydd, cyn i'r Llys Apêl eu rhyddhau yn 1999. Y dystiolaeth gryfaf yn eu herbyn oedd 'cyfaddefiad' un o'r tri, Darren Hall, oedd yn 18 oed ar y pryd ac yn araf ei feddwl. Datgelwyd yn y Llys Apêl bod Hall wedi cael ei orfodi i wneud y cyfaddefiad ar ôl i blismon ddefnyddio cyffion i'w roi'n sownd wrth wresogydd poeth. Y plismon oedd Stuart Lewis. 'Trwy MOJO rwyf wedi canfod 13 o achosion eraill roedd Stuart Lewis a rhan ynddyn nhw, lle mae pobol yn cwyno bod yr heddlu wedi creu tystiolaeth ffug yn eu herbyn,' medd Adrian Stone.

Mae'r Cynulliad Cenedlaethol wedi galw am ymchwiliad cyhoeddus i weithgareddau Heddlu'r De rhwng 1982 a 1998. Mae MOJO yn pwyso am gefnogaeth i'w hymgyrch yn Nhŷ'r

Cyffredin, Tŷ'r Arglwyddi a Senedd Ewrop. Ond mae Gwasanaeth Erlyn y Goron wedi penderfynu peidio dod ag achos yn erbyn y plismyn oedd wedi rhoi camdystiolaeth yn achos llofruddio Philip Saunders. 'Dyw hi ddim yn hawdd dod â phlismyn i lys a'u cael nhw'n euog,' medd Adrian Stone. 'Ond r'yn ni'n benderfynol o'u cael nhw yn y diwedd.'

Un arall a fu'n cynnal ymgyrch yn erbyn yr heddlu yw Dave Burns. Mewn etholiad Cyngor Sir ar ôl yr achos fe safodd fel ymgeisydd yng Nghaerdydd a chynhyrchu taflen gyda'r pennawd 'Y Celwyddgwn yn ein Heddlu'. Aeth ati i wneud honiadau yn erbyn Carsley, Hill, Smith, Lewis a phlismyn eraill oedd yn ymwneud â'r achos. 'Mae'n amlwg y byddai'r daflen hon yn enllib troseddol oni bai am y ffaith ei bod yn wir,' meddai ar y gwaelod. Chlywodd o ddim mwy am y peth.

Bu Dave Burns hefyd yn ddi-waith am gyfnod ar ôl yr achos, pan chwalwyd ei uchelgais i fod yn ohebydd rasio ceffylau. Wedyn cafodd waith fel archifydd gyda hen Gyngor Sir Gwynedd yn Llangefni. Bum mlynedd ar ôl yr achos roedd yn ôl yng Nghaerdydd ac yn cael ei gadw gan y Frenhines am yr ail dro yn ei oes – fel swyddog Treth ar Werth. Heddiw mae'n dal i weithio ym myd arian ac yn byw yn Nhreganna gyda'i wraig a'u merch fach. Mae'n chwerthin llawer wrth sôn am gyfnod y Mudiad Gweriniaethol a'r achos llys. Does dim arwydd o chwerwedd o gwbl, ond does ganddo ddim gair rhy garedig am y plismyn a'i rhoddodd yn y carchar ar gam.

Un peth sy'n amlwg ar ôl 18 mlynedd yw bod y cenedlaetholwyr yn yr achos yn dal yn genedlaetholwyr a'r Marcsydd oedd yn y doc yn dal yn Farcsydd. Fe ymunodd Robert Griffiths â'r Blaid Gomiwnyddol yn fuan ar ôl yr achos ac mae erbyn hyn yn Ysgrifennydd Cyffredinol iddi trwy Brydain, yn gweithio o swyddfa yng Nghaerdydd. 'Y Cymro Cymraeg cyntaf erioed yn y swydd,' meddai gyda balchder. 'Roeddwn i'n ei gweld hi'n blaid gadarn ei sosialaeth ac yn un oedd bob amser wedi cymryd y cwestiwn cenedlaethol o ddifri.'

Yn etholiad cyffredinol 2001 fe safodd dros y Comiwnyddion yn Nwyrain Casnewydd. Cafodd 173 o bleidleisiau. Dyma un gwleidydd na all neb ei gyhuddo o roi uchelgais o flaen egwyddor.

Y flwyddyn ar ôl yr achos fe basiwyd deddf seneddol o'r enw PACE (Police and Criminal Evidence), oedd yn ei gwneud yn ofynnol i gyfweliadau gyda'r heddlu gael eu recordio. 'Pe bai'r ddeddf honno mewn grym fyddai hi ddim wedi bod yn bosibl i'r cyfweliadau gael eu ffugio fel a ddigwyddodd yn yr achos hwn,' medd yr Athro Phil Thomas. 'Ond roedd yr achos yn dangos gwerth un rhan o'n system gyfreithiol, sef prawf o flaen rheithwyr. Mae hynny dan fygythiad ar hyn o bryd.'

Fe gynhaliwyd ymchwiliad mewnol gan yr heddlu ar ôl yr achos cynllwynio, ond chafodd neb ei ddisgyblu yn ei sgil. Roedd ymchwiliad cyhoeddus answyddogol dan gadeiryddiaeth yr Arglwydd Gifford yn llawer mwy beirniadol, ond doedd gan yr ymchwiliad hwnnw ddim grym. Gwrthododd Heddlu'r De gymryd rhan, gan ddweud y gallai hynny ragfarnu unrhyw achos yn y dyfodol yn erbyn Gareth Westacott, oedd yn dal ar goll. Mewn llythyr yn esbonio pam na allai fod yn yr ymchwiliad dywedodd Prif Gwnstabl Heddlu'r De, David East: 'I wish you to know that there is no such thing as a politically motivated offence.'

CYFRES
DAL Y GANNWYLL

*Cyfres sy'n taflu ychydig o olau
ar y tywyll a'r dirgel.
Golygydd y gyfres:
LYN EBENEZER*

'Mewn Carchar Tywyll Du'
Hunangofiant Warden Carchar
D. Morris Lewis
Rhif Rhyngwladol: 0-86381-671-1;   £3.99

Beth yw tarddiad y gair 'sgriw' am swyddog carchar? Os wnewch chi feddwl am garchar fel bocs, yna y sgriwiau sy'n dal popeth gyda'i gilydd. Dyna esboniad awdur Mewn Carchar Tywyll Du, cyfrol sy'n gwbl unigryw. Ynddi ceir hanes llanc ifanc o lannau'r Teifi a aeth yn swyddog carchar gan godi i fod yn Rheolwr Gweithredol. Yn ystod gyrfa 35 mlynedd yn rhai o garchardai caletaf gwledydd Prydain, gan gynnwys Dartmoor, daeth D. Morris Lewis i gysylltiad â'r dihirod mwyaf didrugaredd. Bu'n gwasanaethu droeon yng nghell y condemniedig ar noswyliau crogi ac ef yw'r unig gyn-swyddog sydd ar ôl bellach a fu'n gyfrifol am weinyddu'r gosb o chwipio. Yn ogystal ag adrodd ei hanes mae ganddo hefyd ei safbwyntiau dadleuol ei hun ar gyfraith a threfn.

Gwenwyn yn y Gwaed
Pedwar achos o golli bywyd mewn amgylchiadau amheus
Roy Davies
Rhif Rhyngwladol: 0-86381-672-X; £3.99

Ystyrir y cyn-Dditectif Uwch-Arolygydd Roy Davies erbyn hyn fel un o brif gofiannwyr achosion o dor-cyfraith yng Nghymru. Yn awdur nifer o gyfrolau ar y pwnc, fe aeth ati yn Gwenwyn yn y Gwaed i gofnodi pedwar achos. Mae Hen Dwrne Bach Cydweli yn olrhain hanes clasurol Harold Greenwood. Yn Ar Wely Angau, cawn hanes cythrwfl teuluol a arweiniodd at drychineb. Yn Y Corff yn y Gasgen, clywn am un o'r achosion mwyaf bisâr mewn hanes, tra bod Y Gŵr a Surodd y Gwin yn rhoi gwybod i ni am ran yr awdur ei hun mewn datrys llofruddiaeth merch ifanc. Yn 1999, enillodd yr awdur radd MA mewn Ysgrifennu Creadigol yng Ngholeg y Drindod, Caerfyrddin.

Yr Ymwelwyr
O'r gofod i Gymru
Richard Foxhall
Rhif Rhyngwladol: 0-86381-673-8; £3.99

Mae'r awdur ei hun wedi bod yn llygad-dyst i oleuadau a cherbydau rhyfedd yn yr awyr uwch Dyffryn Nantlle. Sbardunodd hynny ei ddiddordeb mewn soseri hedegog ac UFO's a dechreuodd gasglu gwybodaeth am brofiadau tebyg, gan ganolbwyntio ar Gymru a theithwyr o'r gofod. Daeth ar draws tystiolaeth syfrdanol, ac ar ôl iddo blagio'r Weinyddiaeth Amddiffyn am flynyddoedd, fe lwyddodd i gael honno, hyd yn oed, i ddatgelu peth gwybodaeth ddadlennol.

Achos y Bomiau Bach
Hanes Achos Mudiad y Gweriniaethwyr
Ioan Roberts
Rhif Rhyngwladol: 0-86381-674-6; £3.99

'Wrth i raglen Cyn Un ddechrau daeth y ddau ddyfarniad cyntaf. Dau yn ddieuog ar bob cyhuddiad. Rhuthro allan i giosg a thorri'r newydd yn ddigon carbwl i'r genedl. Erbyn trannoeth, roedd tri arall yn rhydd, ac achos llys drutaf Cymru ar ben wedi naw wythnos a hanner. A'r cyhuddiadau'n tasgu – yn erbyn y plismyn!'

Mae'r achos cynllwynio yn Llys y Goron Caerdydd yn 1983, a chwalodd y Mudiad Gweriniaethol Sosialaidd Cymreig, yn dal i'w gael ei ddyfynnu mewn achosion eraill. Wrth ei wraidd roedd pwy oedd yn dweud y gwir, y cyhuddedig ynteu'r plismyn, ynglŷn â chyffesiadau honedig, a manylion fel y 0.3 gram o gemegyn a 'ddarganfuwyd' mewn llofft yng Nghwm Rhymni. Wedi deunaw mlynedd mae'r diffynyddion yn dal yn flin, Heddlu De Cymru dal yn y doc, rhai o'r bargyfreithwyr yn sêr, a phwy bynnag fu'n gyfrifol am y bomiau a'r tanau a'r bygythiadau a fu'n sail i'r cyfan yn dal mor anweledig â Merched Beca. Roedd Ioan Roberts yn ohebydd i Radio Cymru yn y llys. Yn y gyfrol hon, mae'n ail-fyw peth o ddrama'r achos, y digwyddiadau a arweiniodd ato, a'r effaith a gafodd.

'Mae Rhywun yn Gwybod . . . '
Ymgyrch Losgi 1979-1994
Alwyn Gruffydd
Rhif Rhyngwladol: 0-86381-675-4; £3.99

Roedd llwyddiant ymgyrch losgi Meibion Glyndŵr yn ddibynnol ar ewyllys da gwerin gwlad – a hynny yn nannedd ymgyrch daer iawn am wybodaeth gan yr heddlu a'r gwasanaethau cudd. Ar lefel y boblogaeth leol, cafodd yr ymgyrch groeso a gafodd ei amlygu mewn caneuon, sloganau, crysau-T – a thawelwch. Mae'r gyfrol hon yn cynnwys agwedd ar yr hanes na ddaeth i'r amlwg yn adroddiadau newyddiadurol ac ymateb gwleidyddion y cyfnod.

Borley Cymru
Yr aflonyddwch yn Ficerdy St Paul, Llanelli
J. Towyn Jones
Rhif Rhyngwladol: 0-86381-676-2; £3.99

Roedd rheithordy Borley, swydd Essex yn dŷ lle bu hela ysbrydion ar raddfa fawr rhwng 1929-1938. Dangosodd y papurau newydd gryn ddiddordeb ynddo, gwnaed ymchwil manwl gan ddefnyddio camerâu a ffilm sine a chyhoeddwyd cyfrol yn seiliedig ar fwrlwm poltergeistaidd y rheithordy yn 1940: The Most Haunted House in England, flwyddyn ar ôl i'r adeilad losgi'n ulw.
Mae gan Gymru ei 'Borley' ei hunan. Bu cryn aflonyddwch ysbrydol yn Ficerdy St Paul, Llanelli a phwy'n well na gweinidog gyda'r Annibynwyr i ddadlennu'r hanes?